KB104082

김택규

시작은 아르바이트였지만 지금은 어떻게 숨넘어가기 직전까지
이 일을 할 수 있을까 고민하는 25년 차 번역가. 중간에 출판사를
2년 정도 다니다가 세상에 출퇴근만큼 힘든 게 없음을 알아 버린
천생 프리랜서이기도 하다. 『논어를 읽다』를 비롯한 양자오 선생의
중국 고전 강의 시리즈 대부분과 『나 제왕의 생애』, 『책물고기』
같은 문학 작품까지 60여 권을 번역했고 『번역가 되는 법』과
『번역가 K가 사는 법』을 썼다.

번역의 말들

© 김택규 2022

이 책은 저작권법에 의해 보호받는 저작물이므로 무단전재와
복제를 금합니다. 이 책 내용의 전부 또는 일부를 이용하려면
저작권자와 도서출판 유유의 서면동의를 얻어야 합니다.

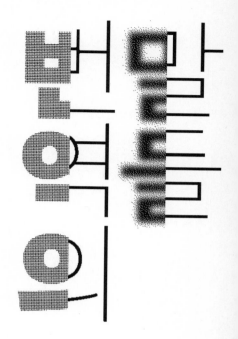

말들의 번역

읽는 사람을 위한
번역 이야깃거리

김택규 지음

들어가는 말
어느 번역가의 하루

09:00

아침에 T출판사 대표에게서 메시지를 받았다. 드디어 위슈화余
秀華 시집 『흔들리는 인간 세상』의 저작권 계약이 체결되었다고
했다. 기뻤다. 2018년 후난성 창사의 후난문예출판사에 들렀을
때 내 눈에 쏙 들어온 시집이다. 뇌성마비 농촌 여성이 인터넷에
연재한 시를 모았는데, 대중성과 작품성을 모두 인정받아 베스
트셀러가 되었다. 나는 이 시집을 한국에 가져왔고, 여러 출판사
와 접촉한 끝에 4년 만에 겨우 출간하게 됐다. 내가 없었다면 이
진귀한 시집이, 나와 같은 번역가들이 없었으면 수많은 인류의
양서가 우리 독자들의 손에 닿을 일이 있었을까.

11:25

장시성 난창의 장시교육출판사 저작권 담당자가 오랜만에 안부
를 물어왔다. 나는 "내년 베이징국제도서전에서 만나요."라고
말했고 그녀는 "그래요, 반드시."라고 답했다. 코로나19 이후 국

경 차단으로 중국에 못 간 지 벌써 3년이다. 일에 차질이 생긴 것도 문제지만 중국 출판계 친구들을 못 만나는 게 너무 아쉽다. 그녀도 같은 기분일 것이다.

16:30

타이완콘텐츠진흥원이 개최하는 출판교류회에 다녀왔다. 신촌 유플러스 12층의 넓은 북카페를 빌려 한국 출판관계자 30여 명을 모아 놓고 최근 타이완에서 주목받은 그래픽 노블, 에세이, 소설 30여 권을 소개했다. 작은 행사였지만 발표를 비롯해 팸플릿과 도서 전시 곳곳에서 타이완인의 세심함을 느낄 수 있었다. 나는 소설 두 권이 탐나서 표지를 촬영하고 담당자에게 본문 샘플을 이메일로 보내 달라고 부탁했다. 『내 이상한 남동생』에서는 대학 졸업 후 10년 간 히키코모리로 살아온 남동생의 일상을 누나가 관찰하고 『접신』에서는 갑자기 귀신에 씐 아버지가 무당이 되어 가는 과정을 자식이 서술한다. 여태껏 본 적 없는 독특한 관점을 접할 듯하다.

20:15

바이셴융의 장편소설 『불효자』의 역자 교정을 다 마치고 K출판사에 원고를 보냈다. 교정만 사흘을 봤다. 분량이 500쪽이나 되니 그럴 만도 하다. 하지만 5달 동안 이 책 한 권에만 매달렸으니 좀 심했다. 스터디 카페를 나와 건물 앞 가로등 밑을 한동안 거닐었다. 70년대 초 타이완의 청소년 동성애 집단을 배경으로 하는 그 퀴어 소설의 쓸쓸한 결말이 계속 머릿속을 맴돌았다. 이 소설 속 생생한 등장인물 중 태반이 지금은 이 세상 사람이 아닐 텐데도 지난 5달간 내가 그들 한 사람 한 사람의 눈과 입이었던 게 믿기지 않았다. 이런 식으로 나는 중국의 고대와 현대를 넘나들며 요괴가 되었던 적도, 화가가 되었던 적도, 군대의 암호 해독자가 되었던 적도 있다. 오로지 내가 번역가였던 덕분에.

21:29

출판사의 요청으로 『번역의 말들』의 '들어가는 말'을 쓰고 있다. 담당 편집자는 "번역 작업에 대한 로망을 가진 사람들에게 번역이 선생님에게 갖는 의미 같은 것들을" 써 달라고 했다. 며칠 동안 고민했지만 그 '의미 같은 것들'을 쓰는 데는 실패했다. 왠지 인위적인 느낌이 들었기 때문이다. 번역이라는 일은 어느새 나와 하나가 되어 도저히 관조할 수 없는 것이 돼 버린 듯하다. 따라서 이 '들어가는 말'은 '번역 작업에 대한 로망을 가진 사람들'에게 위와 같이 내 번역 작업의 평범한 하루를 보여 주는 데 그쳤다. 나는 지난 25년을 거의 오늘 하루처럼 살았고, 앞으로도 역시 오늘 하루처럼 살 작정이다. 이 책은 그 모든 하루의 저류를 이루었던 내 고민과 상념을 추려 모은 것이다. 다시 읽어보니 난 로망을 이루긴 이룬 것 같다. 애초에 내 로망은 한낱 글쟁이로 글 속에서 사는 것, 오직 그것 하나뿐이었다.

우리가　　　하나의　　　언어를　　　안다는　　　것은
정신어를　　　단어　　　배열로,　　　단어　　　배열을
정신어로　　　번역하는　　　법을　　　안다는　　　것이다.

스티븐 핑커, 『언어본능』
(김한영 외 옮김, 동녘사이언스,
2008)

스티븐 핑커는 촘스키의 주장을 이어받아 인간의 모든 언어에 보편적인 심층구조 또는 거시규칙이 존재하며 인간은 문법유전자를 통해 그것을 타고난다고 말했다. 그래서 아이들은 갑자기 외국의 낯선 언어 환경에 처해도 별다른 체계적 훈련 없이 금세 외국어를 습득할 수 있다는 것이다.

인지과학과 뇌과학의 발전이 이런 발견을 가능케 했다. 우리에게 선천적으로 문법유전자라는 것이 있고 나아가 정신 사전이라는 것도 있다니. 또 그걸 활용한 정신어로 사유하고 난 다음에 비로소 그것을 실제 단어와 문장으로 번역한다니. 그렇다면 인류 최초의 번역가는 인류 자신이며 인류라면 누구나 번역가인 셈이다. 단지 한 언어에서 다른 언어로 번역하지 않고 정신어에서 현실어로, 현실어에서 정신어로 번역하는 것일 뿐.

그레고리 라바사는 번역이란 자동차를 운전할 때 강아지 한 마리가 갑자기 골목에서 뛰쳐나와 차에 달려드는 것을 발견하고 운전자가 자신도 모르게 본능적으로 브레이크를 밟는 것과 비슷하다고 지적한다.

김욱동, 『번역의 미로』
(글항아리, 2011)

번역은 헤아릴 수 없이 많은 선택의 집적물이고 각각의 선택은 번역가의 직관적 판단력의 산물이다. 직관은 면밀한 사유 없이 직접 사물을 파악하는 작용이므로 어느 정도는 본능에 바탕을 두며, 그 본능 중에서도 사회문화적으로 '학습된 본능'이 아마도 번역과 밀접한 관련이 있을 것이다.

미국의 스페인어 번역가 그레고리 라바사가 번역 행위를 자동차 운전에 빗댄 것은 좋은 비유다. 운전자가 무의식적으로 핸들, 액셀, 브레이크를 조작하는 것처럼 번역가도 때로는 관성에 스스로를 맡긴 채 자기 손가락이 번역문을 치는 것을 바라보고 있다.

나는 특히 일정에 쫓겨 하루 열두 시간씩 연일 번역해야 할 때 거의 이런 상태이며, 일부러 나를 이런 상태로 몰아넣기도 한다. 말짱한 각성 상태로는 도저히 그렇게 오래 작업할 수 없기 때문이다. 나는 기계다, 나는 기계다, 하고 되뇌며 머릿속을 하얗게 비우고 두 눈을 원문에 고정한 채 손가락만 움직인다. 이럴 때는 정말로 내가 아니라 손가락이 번역을 하는 느낌이다.

한 외국어를 실제로 구사할 줄 아는 모든 이들은, 그 언어에 따라 사유하도록 요구된다. 한 언어의 사유 방식에서 다른 언어의 사유 방식으로 번역을 그르침 없이 해내는 것은 불가능하거나 상당한 노력이 필요하다.

레오 바이스게르버,
『모국어와 정신 형성』
(허발 옮김, 문예출판사, 2004)

인간은 언어로 사유한다고 믿었다. 언어라는 체계적인 매개체가 없었다면 인류의 그 복잡하고 심오한 사상이 어떻게 생겼을지 상상도 되지 않았다. 나아가 언어별로 사유 방식이 다를 것 같기도 했다. 인도유럽어족은 추상적이고 논리적인 사유에, 우랄알타이어족은 구체적이고 비유적인 사유에 능한 게 아닌가 싶었다. 하지만 오리엔탈리즘에다 언어결정론을 버무린 이런 편견은 곧 해소되었다. 언어마다 사유 방식이 다르다면, 범주 체계도 다르고 추론 순서도 다르다면 우리가 어떻게 외국어를 이해하고 번역할 수 있겠는가. 언어가 달라도 인류의 정신과 삶에 보편적인 유사성이 있으므로 우리는 여러 언어를 넘나들 수 있다.

그래도 나는 (이런 명명이 가능하다면) '모국어주의자'다. 외국어 번역으로 살아가긴 해도, 오히려 그래서 더 모국어가 좋고 사랑스럽다. 누가 보면 그림인지 낙서인지 모를 중국어 간체자의 끝없는 행렬을 어느 순간 눈에 쏙 들어오는, 아름답고 감동적인 우리말 이야기로 뚝딱 직조해 내는 내 모국어의 힘에 늘 경탄하곤 한다. 더구나 내 진실한 감정을 담아내는 유일한 언어이니 더 말할 나위가 없다.

대학생 때 자취방에서 뒹굴뒹굴하며 하루를 꼬박 쏟아부어 읽은 소설 『개선문』의 한 장면이 떠오른다. 주인공인 독일인 망명자 라비크는 사랑하는 이탈리아인 단역배우 조앙의 임종을 지키며 그녀와 마지막 대화를 나눈다. 그곳은 파리. 두 사람에게는 모두 타지였고 그전까지 둘은 프랑스어로 소통했다. 그런데 지금은 지상에서 그들이 함께하는 마지막 순간이었다. 당연히 두 사람은 사랑의 감정이 담뿍 담긴 고백을 서로에게 마지막으로 선사했다. 하지만 알아듣지는 못했다. 남자는 독일어로, 여자는 이탈리아어로 말했기 때문이다. 진실한 표현은 모국어로만 가능하니까.

사실   출판번역가는   외국어   전문가라기보다는
모국어   전문가이며   나아가   어느
정도는   '문장가'라고   할   수   있다.

김택규, 『번역가 K가 사는 법』
(더라인북스, 2020)

지금까지 많은 번역가 지망생을 만나 질문 역시 많이 받았다. 그 중 하나가 "어떻게 국어 실력을 늘릴 수 있나요?"였다. 매번 대답하기가 난처했지만 이제는 답을 정했다. 바로 "당신의 국어 실력은 이미 결정돼 있습니다"이다.

유년기 뇌의 '언어능력 폭발' 이후 대학 시절까지 끝없는 독서와 글쓰기로 누적되는 언어 구사력이 무슨 고시 공부처럼 뚝딱 얻어질 리 없다. 따라서 어떤 청년이 불쑥 번역가가 되고 싶어 국어 실력의 필요성을 느낀다면 괜히 그 실력을 어떻게 기를지 고민하지 말고 당장 자신을 진단해 보기를 권한다. 내가 평생 텍스트를 삶의 중심에 두고 살아왔는지, 또 우리 시대 필독서의 네트워크와 표준적인 문체를 장악했는지. 그렇다면 그는 준비된 번역가이고, 그렇지 않다면 미련 없이 포기해야 한다.

"번역은   의미를   강제하는   중요한
방법이며   의미의   배후에   존재하는
권력관계를   숨기고   있다."   —수전   배스넷

셰톈전謝天振 편,
『현대 외국 번역이론』當代外國翻譯理論
(南開大學出版社, 2008)

중국사를 번역할 때 흔히 만나는 단어 중에 '중화'中華가 있다. 중국의 별칭으로 중국을 더 크고 멋지게 부르는 말이다. 사실 이게 무슨 문제겠는가. 자기 나라를 사랑해 따로 그렇게 부르겠다는 데. 하지만 번역가인 내게는 문제다. 번역서를 읽을 우리 독자에게 너무 큰 문제여서 그렇다. 책장을 넘기는데 툭하면 '중화문명' '중화민족'이라는 단어가 나오면 어떨까. 당장 책을 덮고 싶을 것이다. 그래서 나는 자동적으로 '중화'를 그냥 '중국'으로 번역한다. 어쩔 수 없다. 단어의 배후에 존재하는 국가 간 권력관계의 해묵은 기억 탓이다.

인칭대명사 '그'와 '그녀'의 번역도 또 다른 권력관계, 즉 '젠더 관계'를 건드릴까 봐 조심스럽다. 사실 고대 중국어에는 인칭대명사가 없었다. 일본과 한국의 고대어가 그랬던 것처럼. 고대 동아시아인은 가족과 지역 공동체 내 위치와 사회·정치 조직 내 지위에 따라 호칭을 부여했다. 그러다가 중국은 근대에 'he'와 'she'에서 '彼'와 '彼女'를 이끌어 낸 일본을 본떠 '他'와 '她'를 창조했다. 근대 한국이 그렇게 '그'와 '그녀'를 창조한 것처럼.

그런데 이처럼 동아시아 삼국이 공유하는 인칭대명사를 나는 요즘 번역어로 잘 쓰지 못하고 있다. 명사와 인칭대명사의 성구분이 남녀차별을 조장한다는 이유로 '그녀'를 쓰지 말자는 목소리가 높아지고 있어서다. 대체로 번역가는 그 시대 표준 어문규범의 화신이고자 한다. 자기가 권력관계 안에서 어디에 있든 간에 어문규범은 '대세'를 따르려 한다. 내 입장도 그렇다. 보다 많은 이가 스트레스 없이 무난히 받아들이는 쪽으로 가려고 한다. 하지만 '그녀'를 안 쓰려니 무척 고통스럽다. 그간 '그녀'가 깔끔하고 효율적인 글쓰기에 얼마나 크게 이바지해 왔는지 새삼 느끼고 있다.

완벽한   이중   언어   사용자는   아마
존재하지   않을   것이다.   아무래도
어느   한쪽의   언어가   우세하다.

사카이 세실, 「일어·프랑스어, 이중 언어
사용자의 모험」, 쓰지 유미, 『번역과 번역가들』
(송태욱 옮김, 열린책들, 2005)

주변에 '언어 천재'가 여럿 있다. 영어, 중국어, 일어를 동시에 구사하는 사람이 제일 많고 영어, 불어, 독어, 러시아어, 스페인어를 다 잘하는 사람도 있으며 희한하게 스칸디나비아 지역 언어에 능통한 사람도 있다. 그럼 나는? 부끄럽게도 중국어 이외에 다른 외국어는 모르며 중국어조차 불완전하다. 오직 독해 하나만 잘한다. 이 능력 하나에 모국어 실력을 더해 출판번역 일을 해 온 셈이다. 하지만 나는 당당하다. 언어 배우기가 취미가 아닌 이상 출판번역가가 왜 굳이 여러 외국어를 해야 하나? 중국어도 하고 일본어도 하면 중국어와 일본어 번역 일을 다 할 수 있어서? 나는 중국어 번역 일만 해도 많아서 허덕인다. 다른 외국어 번역에 눈 돌릴 이유도 여유도 전혀 없다. 내가 보기에 그런 언어 천재는 그저 호사가에 불과하다. 언어와 언어 배우기가 못 견디게 좋은 덕후다. 그리고 그들이 아무리 천재여도 모국어를 제외한 다른 언어를 출판번역 수준까지 익히는 것은 불가능하다.

쌍방향 번역을 업으로 삼는 번역가도 있기는 하다. 그들은 대부분 재미 혹은 재일 교포처럼 선천적인 이중 언어 사용자다. 조선족 번역가도 마찬가지다. 그들이 한국어를 외국어로, 외국어를 한국어로 원활히 옮기는 것을 보면 은근히 부아가 치밀기도 한다. 우리 부모님은 왜 내가 어렸을 때 외국에 가서 살지 않았을까 원망스럽다. 하지만 질투와 유감은 딱 거기까지다. 이중 언어 사용자라고 해서 출판번역까지 쌍방향으로 할 수 있는 것은 아니기 때문이다. 독자를 만족시키려면 높은 수준의 필력이 필요한데 신은 이중 언어 사용자에게 그런 필력까지 이중으로 선사해 주지는 않는다. 러시아인 블라디미르 나보코프와 폴란드인 조지프 콘래드가 영어로 명작을 쓴 것은 어떻게 설명하겠느냐고? 그들은 천재 중의 천재였으니 예외로 치자!

당신이 어떤 언어로 된 텍스트에 정말로 관심이 있다면 그것을 당신이 아는 다른 언어로 번역한 텍스트까지 찾아볼 것이다.

매슈 레이놀즈, 『번역』
(이재만 옮김, 교유서가, 2017)

출판사 편집자로 일하는 제자 S가 몇 달 전 어느 이탈리아 그림책에 꽂혀 저작권 계약을 했다. 번역은 당연히 이탈리아어 번역가가 맡았다. 국내에 이탈리아어 번역가가 드물어서 섭외하는 데애를 먹었다고 한다. 이미 영역본이 나와 있는 책이어서 영어 번역가에게 맡길 수도 있었지만 어쨌든 출판번역에서 중역(이미 번역된 텍스트를 또 다시 번역하는 것)은 가능한 한 피해야 하므로 시간을 들여 어렵게 적임자를 소개받았다. 그런데 얼마 후 번역 원고를 받아 보고 S는 고민에 빠져 내게 연락을 해 왔다.

"선생님, 번역이 마음에 들지 않아요. 그림과 잘 안 어울려요. 어떻게 하면 좋죠?"

"그 책 영역본이 있다며? 영역본하고 대조해 봐."

"벌써 해 봤죠. 그런데 영역본도 어딘지 이상해요."

"그래? 그러면 어쩌지? 번역가를 새로 구해야 하나?"

"알아보니까 중역본도 나와 있더라고요. 겨우 구해서 읽어 봤는데 그나마 그게 제일 나아요."

S는 중국어 전공자이자 중국어 번역가이기도 하다. 또 영어도 웬만큼 하고 일본 문화 마니아라 일본어 실력도 상당하다. 그래서 이런 난처한 상황에 유연히 대응할 수 있었다.

"한역본, 영역본, 중역본의 해석을 두루 참고해서 네가 새로 번역하는 게 낫겠네."

다른 이탈리아어 번역가에게 새로 번역을 맡기는 게 제일 낫기야 하겠지만 그런다고 해서 이번에는 꼭 좋은 번역이 나올 것이라는 보장은 없었다.

며칠 전 드디어 그 그림책이 출판됐다. 표지를 보니 과연 옮긴이로 S의 이름이 올라가 있었다.

번역이 원작과의 유사성을 그것의 마지막 본질에 따라 추구할 경우 어떠한 번역도 가능하지 않을 것이라는 점이 입증될 수 있다. 왜냐하면 사후의 삶이라는 것이 살아 있는 것의 변천과 새로워짐이 아니라면 그렇게 불릴 수도 없을 터인데, 그러한 사후의 삶 속에서 원작은 변화하기 때문이다.

발터 벤야민, 「번역자의 과제」, 『언어 일반과
인간의 언어에 대하여/번역자의 과제 외』
(발터 벤야민 선집 6, 최성만 옮김, 길, 2008)

100년 전 글을 번역할 때는 그 글의 저자가 처해 있던 시대적 문맥을 최대한 떠올리려 애쓴다. 하지만 어림없다, 저자가 글을 썼던 것처럼 번역을 하는 것은. 그저 상상하고 시늉할 뿐이다. 하지만 독자에 대한 예의로 그쯤은 해야 한다.

　원작의 현생이 마무리되어도 다른 나라의 번역가가 그것에 사후의 삶, 즉 후생을 부여한다. 그리고 그 후생은 벤야민의 말처럼 변하고 새로워져 현생과는 큰 차이가 있다. 1996년 베이징대 중문과 교수인 첸리췬 선생이 한국에 교환교수로 왔을 때 그 명백한 사례를 발견했다. 다이허우잉의 장편소설 『사람아 아, 사람아』의 한국어판이 1992년부터 수십만 부가 팔리며 대표적인 중국 소설로 환영받고 있었다. 첸 선생은 고개를 갸우뚱했다. 『사람아 아, 사람아』는 1980년작으로 개혁개방 이후 새롭게 건설된 중국 문단에서 그해 몇 안 되는 신작 장편소설 중 하나였다. 문화대혁명의 깊은 상처를 돌아보는 '상흔문학(문화대혁명의 상처를 되새기고 위로하는 문학 조류)' 계열에 속해 많은 이의 공감을 사기는 했다. 하지만 후대에 쓰인 문학사에서는 그리 높은 평가를 받지 못했다. 소설이라기보다는 거의 수기에 가깝고 감정 노출이 너무 직접적이었기 때문이다.

　이듬해 첸 선생은 한 편의 논문을 발표해 자기 생각을 정리했다. 중국과 한국의 민중이 역사의 격랑을 넘고 나서 얻은 감정적 후유증이 『사람아 아, 사람아』에서 접점을 갖고 이어졌다는 것이었다. 확실히 그랬다. 『사람아 아, 사람아』의 현생은 중국의 상흔문학이었지만 후생은 민주화 후 한국의 중국식 '후일담문학'이었다.

"작가가 자국에서 높은 지위를 가질수록 번역은 수용 시스템의 미학이 아닌 작가 자신의 시학에 맞춰 진행된다." —앙드레 르페브르

셰톈전謝天振 편,
『현대 외국 번역이론』當代外國翻譯理論
(南開大學出版社, 2008)

나라마다 고유한 문학 시스템이 있고 그 안에는 또 고유한 행위의 준칙과 문학 관념이 있다는 게 르페브르의 주장이다. 그리고 번역가가 어떤 외국 문학서를 번역한다는 것은 곧 양국의 상이한 문학 관념이 번역가와 찬조원(출판업자)의 중재로 이미 타협을 봤음을 뜻한다고도 했다.

가장 전형적인 예는 김용 무협소설의 한국어 번역이다. 김용의 소설은 동시대에 활약한 고룡의 것과는 확실히 다르다. 고룡의 소설은 일명 '시나리오 소설'이라고 해서 인물이 주고받는 대화가 큰 비중을 차지하고 묘사와 설명은 극히 제한적이다. 주인공이 개봉을 떠났다고 하면 두세 줄 만에 벌써 남경에 도착해 있다. 그러나 김용의 소설은 주인공이 가는 데마다 그곳의 풍물을 이야기하고 종종 시까지 삽입한다. 요컨대 문화 정보의 밀도가 상당히 높다.

1980년대 고려원과 2000년대 김영사는 이런 김용 소설의 미학에 각기 다르게 대응했다. 고려원은 '무협지'라는 국내의 문학 관념에 김용의 무협소설을 철저히 맞췄다. 김용 소설의 풍부한 문화 정보를 편집 과정에서 죄다 삭제했다. 그러나 20년 후 재간된 김영사판 김용 소설은 그렇지 않았다. 전문 번역가를 섭외해 새로 충실하게 번역하고 가감 없이 편집했다.

왜 이런 차이가 나타났을까? 그 20년의 세월 동안 작가 김용의 위상이 달라졌기 때문이다. 홍콩의 언론인이자 무협소설가였던 그는 2000년대 들어 중화권 최고의 작가로 떠올라 학계의 주요 연구 대상이 되었다. 그러니 김영사는 원작에 가깝게 곧이곧대로 내야만 했고, 그 결과 밀리언셀러였던 고려원판과 달리 극도의 판매 부진을 겪었다.

삭제 또는 생략은 원천 텍스트 상에 목표 문화권에서 금기시하는 내용이나 표현, 또는 왜곡되거나 음란하고 외설스러운 부분이 있어 목표 문화권의 독자에게 바람직하지 않은 반응을 유발할 때 사용할 수 있는 방법이다.

이근희, 『번역의 이론과 실제』
(한국문화사, 2015)

번역가는 민간 외교관이기도 하다. 물론 그의 외교 활동은 거의 대부분 텍스트 차원에서 전개된다. 애초에 외국 저자가 자국 독자를 배려해 쓴 글을 가져와 국내 독자를 타깃으로 번역해 새로 내놓으려니 적절한 외교술을 부리지 않을 수 없다. 외국 저자가 마치 자신들을 배려해 글을 쓴 것처럼 국내 독자가 느끼도록 해야 하기 때문이다. 이런 이유로 그간 내가 발휘한 외교술로 피해를 본 소수의 중국인 저자에게 이 지면을 빌려 사과하고자 한다. "죄송합니다. 저는 당신이 공산당을 찬양한 서문을 삭제한 적이 있습니다. 그리고 당신이 원고료를 더 받으려고 같은 얘기를 중언부언한 부분을 마음대로 압축하기도 했습니다. 하지만 어쩔수 없었습니다. 한국에 출판되는 당신의 소중한 책을(이제 제 책이기도 하지요) 보호해야만 했으니까요."

스탠리 피시는 특정한 해석적 공동체의 독서 방법이 전 독서 과정을 좌우한다고 말하고 있다 — 텍스트의 문체나 독서 경험과 같은 전 과정을 말이다.

장도준, 「독자반응이론에 대하여」,
『한국어문연구』 19집
(한국어문연구학회, 2010.12)

나는 늙고 있지만 내 글은 늙지 않았으면 한다. 내가 늙는 것은 불가항력이지만 내 글만은 노력으로 늙는 것을 늦추거나 정지시킬 수 있었으면 한다. 그래서 일부러 소설 신간을 찾아 읽고 또 최신 드라마도 챙겨 본다. 이 시대의 언어 감각에서 뒤처져 번역 문체가 진부하다는 소리를 듣고 싶지 않아서다. 하지만 이런 노력도 결국 한계가 있으니, 번역자인 내가 특정 세대(86세대)에 속해 있고 그 세대는 나름의 독특한 정서와 문화가 있으며 더 나아가 오늘날 내 번역서의 주요 '해석적 공동체'인 동시에 향후 노령화로 인해 갈수록 책의 세계에서 멀어질 것이기 때문이다.

86세대의 끄트머리에서 성장해 그들의 문화적 기대지평을 염두에 둔 채 평생 번역 작업을 해 온 내가 미래의 어느 날 그 독자 공동체를 거의 잃은 채 젊은 독자에게 둘러싸여 있는 모습을 떠올리면 가슴이 갑갑해진다. 가뜩이나 나는 여성 작가가 쓴 소설과 에세이는 번역하기를 꺼린다. 여성 작가의 감성적인 문체를 제대로 번역할 자신이 없어서다. 그렇다면 내가 육칠십대가 되었을 때 이삼십대를 대상으로 한 책을 잘 번역할 수 있을까? 그들의 기대 아래, 그들의 기대지평과 손잡고 일종의 '집단 번역'을 해낼 수 있을까? 해낼 수 있도록 노력 또 노력하겠지만 어려운 도전이 될 게 분명하다.

도서 기획은 냉정하고 객관적인 이유가 필요한 것 같습니다. 그래서 혼자만의 착각에 빠지지 않고 다양한 의견을 나눌 수 있도록 동료 번역가들과 모임을 꾸렸습니다. 꾸준히 중국과 한국 출판시장을 공부하면서 어떤 책이 국내 독자에게 사랑받을 수 있을까 고민하고 있어요.

「"중화권 번역서를 고를 때는"
―번역가 양성희」,
『채널예스』(2016.10.24.)

2000년대 중반 중국 소설을 기획하기 시작했을 때 내 목표는 명확했다. 바로 '중국 소설답지 않은 중국 소설'을 내는 것이었다. 그전까지 우리 독자들의 뇌리에 박혀 있던 중국 소설의 전형은 다이허우잉의 『사람아 아, 사람아』와 위화의 『인생』, 『허삼관 매혈기』였다. 모두 항일전쟁, 국공내전, 문화대혁명 등 굴곡진 중국 현대사를 헤쳐 온 민초의 이야기였다. 나는 그 상황을 바꾸고 싶었다. 중국에 다른 소재의 훌륭한 작품도 많다는 것을 우리 독자들에게 알리고 싶었다. 그래서 기획해 출간한 첫 작품이 폐쇄적인 중국 사회를 풍자한 주원의 『나는 달러가 좋아』였고, 그다음 작품은 개혁개방 이후 시골 소도시의 세 친구가 걷는 인생행로를 조명한 한둥의 『독종들』이었다. 둘 다 처절하게 망했다. 뭐라 변명할 여지가 없을 만큼 독자들로부터 철저히 외면당했다.

그때는 정확한 이유를 잘 몰랐다. 그저 '이렇게 좋은 작품을 몰라주다니. 사람들 눈이 삐었어!'라고 생각했다. 그런데 그 후로도 다른 중국 소설을 기획해 출판사를 돌아다니다가 여러 번 공통된 피드백을 받고 중요한 사실을 깨달았다. 출판사들은 새로운 중국 소설을 원하지 않았다. '굴곡진 현대사를 헤쳐 온 민초의 이야기'만을 바랐다. 왜? 독자들이 중국 소설에서 기대하는 이야기가 그거였고 또 그런 독자들이 중국 소설을 읽는 고정층이었기 때문이다.

취향이 고정된 독자층은 그 후로도 내 기획을 막는 제약으로 작용했다. 그리고 당시 사오십대였던 그들은 이제 육칠십대가 되어 책을 잘 안 읽는다. 그들이 떠난 지금 중국 소설의 고정 독자층은 어떤 이들로 새로 채워졌을까? 내 느낌에는 전혀 안 채워졌다. 중국 소설 독자층 자체가 홀연히 사라져 버렸다.

독일의   홀츠-맨태리는   번역   결과물을
만들어   내는   것과   번역   결과물의   기능이,
결정권을   갖고   있는   사람들   사이에서
중요한   모든   구성요소들과   관련하여
협의될   수   있음을   상세하게   설명했다.

라데군디스 슈톨체, 『번역이론 입문』
(임우영 외 옮김,
한국외국어대학교출판부, 2011)

어떤 관점에서 보면 번역은 단지 언어 행위에만 그치지 않는다. 광의의 번역은 다른 영역의 행위와 통합된 채 텍스트 밖에 존재하는 여러 요소에 의해 좌지우지되며 충실성, 가독성 같은 언어적 미덕도 목표가 아니라 수단으로 취급된다. 이때 번역은 일종의 문화 간 커뮤니케이션으로 사회적·국가적 맥락에서 일정한 역할을 담당한다.

2021년 1월 한중 양국 정부가 맺은 '고전 저작 상호 번역·출판 양해 각서'를 예로 들어 보자. 양해 각서의 내용은 한국과 중국 양측이 향후 5년 내에 양국의 고전 저작물 50종을 서로 번역 출판하자는 것이었다. 중국어 번역가로서 나는 당연히 반가웠지만 생각하면 할수록 여러 가지 골치 아픈 일이 떠올랐다. 언어 행위로서 번역 시스템 그리고 그것이 속한 상위의 출판 시스템이 국가 간 문화 교류라는 외부 요소에 의해 비정상적으로 운행되는 사례가 될 수도 있어서였다.

작년 늦가을, 출판계 지인들에게서 그 일의 진행 상황을 간접적으로 전해 듣고 나는 걱정이 더 커졌다. 중국 측이 결정해 한국 측에 추천한 50종의 고전은 대부분 유명 저자의 두꺼운 학술서와 소설이었다. 그런데 번역과 출간을 대행할 출판사를 모집하면서 한국의 유관 부서가 제시한 기간은 고작 10개월이었다. 수준 높은 학술서를 번역출판하기에는 턱없이 부족한 기간이다. 그리고 그중 어떤 소설은 공교롭게도 저자가 중국작가협회 현직 주석이었다.

이처럼 번역을 둘러싸고 벌어지는 일 중에는 비非번역적인 일이 상당히 많다. 번역서를 독자의 손에 전달하기까지 번역가는 저작권 에이전트, 외국 문학 연구자, 출판업자, 공무원 등 다른 분야의 전문가와 끊임없이 협업해야 하므로 어쩔 수 없는 일이다.

로만 야콥슨은 번역이라는 것이 단순히 서로 다른 외국어 사이에서만 이루어지는 것이 아니라 언어 내적 차원, 혹은 서로 다른 기호 간에도 이뤄지는 것으로 외연을 확장해서 정의하고 있다.

윤성우·이향, 『번역학과 번역철학』
(한국외국어대학교출판부, 2013)

어린이책 편집자를 존경한다. 아무리 쉬운 단어와 간단한 문법으로 동화를 번역해 넘겨도 그들의 예리한 시선은 피해 갈 수 없다. 그들의 손길을 거친 편집 원고를 받아 보면 감탄을 금할 수 없다. 거친 느낌의 단어는 부드럽고 동글동글한 느낌의 단어로, 길고 덜컥거리는 문장은 짧고 통통 튀는 문장으로 바뀐다. 이렇게 마음대로 번역 원고를 고쳐도 되느냐고 항의할 만도 하지만 매번 마술 같은 그 섬세한 솜씨에 넋이 나가 말문이 막히곤 한다. 그들은 아이들의 언어에 능통하기에 내 늙수그레한 문장을 귀엽고 발랄한 문장으로 '번역'해 내는 것이다. 나는 외국어를 모국어로 번역하지만 그들은 '어른어'를 '아동어'로 번역한다.

사실 이와 같은 사례는 헤아릴 수 없이 많아서, 따지고 보면 우리는 모두 번역가이자 통역가다. 지금 이 시간에도 독자는 저자의 글을 마음속으로 번역하고 반장은 선생님의 전달 사항을 친구들에게 통역하며 시민들은 정치인의 발언을 서로 다르게 번역해 옥신각신한다. 번역은 본질적으로 해석 행위이고 해석은 누구에게나 열려 있기 때문이다.

우리는 원작의 유일성을 의심해 본 적이 없다. 하지만 번역 작품도 주체가 다르기 때문에 사실은 유일한 것이다.

위안샤오이·쩌우둥라이 袁筱一·鄒東來,
『문학번역의 기본 문제』 文學翻譯基本問題
(上海人民出版社, 2011)

원작이 유일한 것처럼 번역서도 유일한 게 맞기는 하다. 원작이 고전이라 번역서가 여러 종이어도 마찬가지다. 역자가 다르면 글의 맛이 확 달라지는데 어떻게 그렇지 않을 수 있겠는가. 하지만 일반 독자의 입장은 다를 것이다. 번역의 유일성을 믿어서 방곤이 번역한 『페스트』와 김화영이 번역한 『페스트』 중 어느 것을 사서 읽을지 꼼꼼히 따질 사람이 얼마나 될까. 아마도 가격, 두께, 출판 연도 등 번역과 무관한 요소가 구매 기준이 되지 않을까 싶다. 그러나 고급 독자는, 그리고 번역가 자신은 번역의 유일성을 믿어 의심치 않을 것이다.

번역의 유일성은 서명권, 즉 책에 이름을 올릴 권리 문제를 통해 뚜렷이 입증된다. 중국에서 출판사가 서명권을 갖고 번역가와 흥정을 벌이는 것을 본 적이 있다. 번역가가 책에 이름을 올리겠다면 번역료를 낮추고 그러지 않겠다면 약속한 번역료를 주겠다고 했다. 번역가의 위상이 그리 높지 않은 중국에서나 있을 수 있는 일이었지만 어쨌든 그 번역가는 손해를 보고서라도 서명권을 지키는 쪽을 택했다. 이 밖에도 나는 "역자로 제 이름이 올라간 책을 내는 게 평생의 꿈이에요!"라고 말하는 번역가 지망생을 꽤 여럿 보았다. 번역이 유일하지 않다면, 누가 번역하든 거기에 개성이나 고유성 같은 것이 깃들 여지가 전혀 없다면 그들이 왜 그렇게 자신의 서명권을 고집하고 소중히 여기겠는가.

심지어 몇몇 번역가는 자신의 번역에 대한 권리를 영원히 지키기 위해 오직 인세 조건으로만 계약한다. 원고료만 받고 출판사에 모든 권한을 넘기는 매절 계약은 극구 거부한다. 일견 옳은 태도로 보이긴 하지만 난 절대 못 그런다. 책이 안 팔리면 인세는 매절 원고료의 절반에도 못 미치기 때문이다.

번역 작업은 사실 자유로운 주체, 즉 번역상의 근본적 선택에서뿐만 아니라 국지적이고 일시적인 건건의 선택에서 자유로운 주체를 요구하는데, 이러한 자유는 충실성과 굳이 다른 것이 아니며 번역가의 몫은 이 자유-충실성이 작동하는 공간을 위험을 무릅쓰고 확보하는 일이라는 게 앙트완 베르만의 입장이다.

이영훈, 「문학 번역가의 자유 : 베르만과
투리의 관점 비교」, 『번역학연구』
20권 5호(한국번역학회, 2019.12)

내가 번역한 작품이 내 것이 아니라거나, 원저자의 작품이 우리 언어로 바뀌는 데에 내가 보조 역할을 할 뿐이라고 생각해 본 적은 없다. 원저자의 고유한 출발어 문체와 어휘를 따로 분석해 그것에 맞게 의식적으로 내 도착어 문체와 어휘를 조정해서 번역한 적도 없다. 이건 자신감 따위의 문제가 아니다. 내가 생각하기에 번역은 번역가의 주체성과 창조성을 전제하지 않아도 될 만큼 기계적인 행위가 아니다. 이와 관련해 미국의 번역가 이디스 그로스먼도 번역가의 작품은 "창조적 결정과 창의적 비평 행위의 결과"라고 말한 바 있다.

이런 내 견해에 누군가는 "그렇다면 당신은 원저자에 대한 최소한의 존중도 없는 겁니까?"라고 항의할지도 모른다. 그렇지 않다. 나도 존중한다. 단지 내 방식으로 존중할 따름이다. 시종일관 원문을 깊이, 세심하게 읽으면서 원저자와 원작이 스스로 내게 스며들기를, 내 정신에 침투해 나의 '창조적 결정과 창의적 비평 행위'에 영향을 끼치기를 기대한다. 이 기대를 저버린다면 그 원저자와 원작은 역량이 부족한 것이다. 하지만 그런 적은 거의 없었다. 그랬다면 지금까지 출간된 내 번역 작품의 스타일은 지극히 천편일률적이었을 것이다.

그래서 새 작품의 번역에 착수할 때마다 설레고 두렵다. 이 작품은 또 어떤 개성으로 내 정신을 휘어잡아 번역을 이끌까. 나는 그 개성에 제대로 호응할 수 있을까.

번역자는   자기가   번역하는   작가를
정상적인   표현의   감옥   속에   가두고자
시도합니다.   즉   작가를   배신하는   것이죠.

호세 오르테가 이 가세트, 「번역의 비참과 영광」,
John Biguenet·Rainer Schulte,
『번역이론 — 드라이든에서 데리다까지의 논선』
(이재성 옮김, 동인, 2009)

호세 오르테가 이 가세트는 어떤 작가가 기존의 언어습관에서 일탈하는 경향이 바로 그 작가의 '스타일'이라고 했다. 그런데 스타일이야말로 작가를 작가답게 만드는 핵심 중의 핵심이 아닌가. 소리와 단어와 구문 모두에서 언중 및 다른 작가와 뚜렷이 구분되는 변칙적 패턴을 보이는 것 자체가 작가로서의 능력과 정체성을 보증한다.

하지만 역시 보증하건대 번역가는 자기가 번역하는 작가, 즉 원저자의 스타일을 훼손한다. 도착어로 출발어의 언어 효과를 재현하는 데에 근본적인 한계가 있어서이기도 하지만, 그보다는 원저자의 '일탈'이 번역가와 독자와는 거의 무관한 일이라는 게 더 중요하다. 원저자가 그토록 일탈하려 한 자국어의 상투적 언어습관이 그들에게는 아예 존재한 적이 없어서다. 그래서 번역가는 원문을 통해 원저자의 스타일을 어느 정도 감지하고도 예외 없이 모국어의 정연하고 정상적이며 표준적인 스타일을 더 존중한다. 원저자의 스타일은 그저 은연중에 제한적으로 거기에 스밀 뿐이다.

번역문의 특성은 크게 단순화simplification와 명시화explicitation, 규범화(표준화)normalization, 합치(번역문 간 유사성)convergence 등이다.

김정우, 「한국어 번역문의 중간언어적
특성」, 『번역학연구』 12권 1호
(한국번역학회, 2011.3)

중국의 인문학자 왕후이의 책을 번역할 때였다. 페이지마다 새로운 서양철학자가 출몰해 애를 먹던 차에 어느 날에는 리오타르의 『포스트모던의 조건』이 반 페이지나 인용되었다. 나는 가슴을 쓸어내리며 회심의 미소를 지었다. 『포스트모던의 조건』 한국어판이 내 서가에 꽂혀 있었기 때문이다. 그 책의 중국어판에서 가져온 인용문을 한국어로 번역하니 차라리 한국어판을 직접 참고할 생각이었다. 그런데 이게 웬걸. 한국어판의 해당 부분 번역을 도저히 알아먹을 수가 없었다. 전전긍긍하다가 할 수 없이 뒤늦게 중국어 인용문으로 돌아와 읽기 시작했다. "내가 리오타르를 중국어로 읽게 될 줄이야!"라고 탄식하면서 말이다.

결론은 천만뜻밖이었다. 중국어판이 한국어판보다 훨씬 간결하고 이해하기 쉬웠다. 나는 우리나라의 번역 수준이 중국보다 못한 것을 개탄했다. 하긴 『잃어버린 시간을 찾아서』의 번역본도 4종이나 되고 코플스턴의 철학사 시리즈(전 9권) 번역도 일찌감치 완간되었으니 그럴 만도 하다는 생각이 들었다. 무엇보다 역자의 머릿수가 많지 않은가!

하지만 그때 내 생각은 틀렸다. 번역학에서는 번역 텍스트의 특징으로 '명시화'라는 것을 꼽는다. 번역문은 원문보다 일반적인 어휘를 사용하는 한편, 원문의 논리를 강화하고 함축적 내용과 복잡한 통사구조를 명료하게 정리한다. 따라서 『포스트모던의 조건』 중국어판이 한국어판보다 쉽게 읽힌 것이 꼭 번역의 우월성을 입증해 주지는 않는다. 어려운 어휘가 난무하고 미로 같은 문장구조를 가진 한국어판이 오히려 원작의 속성을 더 잘 살렸는지도 모른다.

이런 내 의문은 17년이 지난 지금도 해소되지 못했다. 한국어, 중국어, 프랑스어에 다 정통한 사람이 찬찬히 들여다봐야 겨우 풀릴 문제이니 그럴 수밖에.

내   의견으로는   번역가에게는   두   가지
길이   있을   뿐이다.   작가는   가능한   한
가만히   내버려   둔   채   독자가   그를
맞으러   가게   만들든가,   혹은   독자는
가능한   한   가만히   내버려   둔   채
작가가   그를   맞으러   가게   만들든가.

슐라이어마허, 「번역의 여러 가지 방법에
대하여」, 정혜용, 「베르만의 이해와 오해―번역의
'윤리'와 슐라이어마허의 번역론」에서 재인용,
『한국프랑스학논집』 111집(한국프랑스학회, 2020.8)

슐라이어마허는 번역가의 전략을 두 가지로 나눠 설명했다. 하나는 '저자를 그대로 두고 독자를 저자에게 다가가게 하는 것', 즉 이국화foreignization 전략이고 다른 하나는 '독자를 그대로 두고 저자를 독자에게 다가가게 하는 것', 즉 자국화domestication 전략이다. 오늘날 번역가에게 전자는 다소 낯설다. 그것은 일부러 원문의 어휘와 문법의 흔적을 번역문에 남겨 독자들에게 타 문화의 이질성을 경험하게 하는 전략이다. 후자는 당연히 친근하다. 지난 세월 나는 출판사 편집자가 더 손댈 데가 없을 만큼 자연스러운 모국어 문체로 번역하는 것을 목표로 삼았다.

그러나 슐라이어마허는 생각이 달랐다. 이국화 전략을 더 중시했고 심지어 번역용 하위 언어를 개발하자고까지 했다. 그는 구체적으로 뭘 생각한 걸까. 일종의 '보그체' 같은 것이었을까. 한편 중국의 문호 루쉰도 그와 같은 입장이었고 역시 극단적 직역인 '경역'硬譯을 주창했다. '경'은 딱딱하다, 억지스럽다는 뜻이다. 따라서 경역이란 좀 어색하더라도 최대한 직접적으로 원문의 언어적·문화적 정보를 전달하는 번역 방식이다. 슐라이어마허는 다른 유럽 선진국의 지식을 번역 소개해 통일 독일의 문화적 기틀을 다지려 했고, 루쉰은 번역을 통해 중국 전통문화를 과학적·민주적 서구문화로 대체하려 했다. 그랬으니 둘 다 '저자를 독자에게 다가가게 하는' 것보다 '독자를 저자에게 다가가게 하는' 데 관심을 둔 게 당연하다.

이처럼 이국화 전략에 따른 번역은 주로 계몽과 근대화에 목적을 둔 번역이었다. 그래서 지금 시대와는 큰 관계가 없다고 생각한다. 하지만 어디에나 괴짜는 있게 마련이어서 언젠가 외국어의 어순을 그대로 살려 번역해야 한다는 역자를 만난 적이 있었다. 이미 몇 권의 번역서를 낸 사람이었지만 아마 그전에 출판사와 부단히 충돌했을 것이다.

진정한 번역은 원작을 가리지 않고 그 빛을 차단하지 않으며, 마치 자체적인 매개체에 의해 강화되듯이 순수언어로 하여금 원작에 더욱더 충만한 빛을 밝히게끔 한다. 이것은 무엇보다도 번역자에게 문장보다는 단어가 가장 기본적인 요소라는 사실을 입증해 주는 구문 직역에 의해 성취될 것이다.

발터 벤야민, 「번역자의 과업」,
John Biguenet·Rainer Schulte,
『번역이론―드라이든에서 데리다까지의 논선』
(이재성 옮김, 동인, 2009)

그는 「번역자의 과업」이라는 논문에서 직역을 중시하는 태도를 보였다. 그러나 그가 말한 직역은 일반적인 의미의 직역이 아니므로 신중히 살펴봐야 한다.

모든 원문은 표현하려는 고유의 의미가 있다. 그런데 그 의미는 모든 현실 언어의 상위 언어로 벤야민이 상정한 이른바 '순수언어'로만 온전히 표현된다. 각각의 현실 언어는 저마다 특수한 표현 방식이 있고 또 저마다 한계를 갖는다. 이 점은 원문의 언어든 번역문의 언어든 일치한다.

그렇다면 번역자의 과제는 무엇일까. 바로 원문이 누락한 의미를 번역문으로 보충해 의미의 완전성을 지향하는 것이다. 필경 순수언어 그 자체에 이르지는 못하더라도 어쨌든 번역을 통해 "순수언어로 하여금 원작에 더욱더 충만한 빛을 밝히게끔" 하는 것이 그의 과제이며 이를 실천하는 방식이 '직역'이라고 벤야민은 말했다.

그런 직역은 독자가 마치 번역이 아닌 것처럼 자연스럽게 읽게 만드는 '투명한 번역'은 아닐 것이다. 하지만 원문의 단위와 번역문의 단위를 일대일로 대응시키는 기계적인 직역도 아니다. 벤야민은 문장이 아니라 낱말이 번역자의 근원적 요소라며 철저한 직역을 강조하긴 했지만 그런다고 해서, 형식적 등가를 노린다고 해서 원문의 의미를 번역문이 보충할 수는 없기 때문이다.

내가 보기에 벤야민이 말하는 직역은 원문을 넘어 원문 뒤의 순수언어까지 참고하는 번역, 그래서 원문이 표현하지 못한 의미를 직접적으로 담아내는 번역이 아닌가 싶다. 그렇다면 그 번역은 완성되더라도 홀로 존립하지 못한다. 반드시 원작과 함께 서야 하며 그것도 모자라서 의미의 영원한 보충을 위해 미래의 또 다른 번역(어느 언어가 됐든)의 도래를 기대해야 한다.

직역과　　　의역은　　　번역의　　　방법이　　　아니다.
이것은　　　역자가　　　다양한　　　번역　　　환경과
번역　　요구　　아래　　다양한　　번역의　　입장을
취하면서　　　나타나는　　　경향일　　　뿐이다.

위안샤오이·쩌우둥라이_{袁筱一·鄒東來,}
『문학번역의 기본 문제』_{文學翻譯基本問題}
(上海人民出版社, 2011)

오랫동안 대학과 시민 강좌에서 출판번역을 가르치면서 수강생에게 가장 많이 받은 질문 중 하나가 "직역을 해야 하나요, 의역을 해야 하나요?"다. 앞에서 말한 슐라이어마허의 용어를 빌린다면 직역은 '독자를 저자에게 다가가게 하는 것'이고 의역은 '저자를 독자에게 다가가게 하는 것'이다. 출판번역의 대상은 보통 외국어를 모르는 일반 독자이므로 친절하게 저자를 독자에게 다가가게 하는 게 대부분 옳은 선택이긴 하다. 만연체의 난해한 원문을 여러 문장으로 끊고 설명까지 덧붙여 주면 좋은 반응을 얻을 것이다. 하지만 번역인지 윤색인지 모를 그런 의역이 항상 좋기만 한 걸까.

적어도 문학 번역에서는 좋지 않다. 저자의 스타일을 희석하기 때문이다. 저자의 특징적인 묘사, 서사, 사유의 색깔을 오직 난도를 낮추려는 목적으로 조정한다면 독자는 온전히 저자와 대면할 수 없다.

언젠가 수업 시간에 소설 번역을 과제로 내줬는데, 마지막 문장이 "눈물이, 그제야 그녀의 뺨을 타고 주룩주룩 흘러내렸다"였다. 그런데 학생들의 과제를 보니 전부 쉼표를 빼 버렸다. 중국어에서 주어 뒤에 난데없이 쉼표가 등장하는 일은 거의 없으니 그럴 만도 했다.

"거의 없는 일을 작가가 감행한 건 그만한 이유가 있어서예요. '눈물'을 강조한 것일 수도 있고 독자의 호흡을 정지시켜 뒷부분의 감동에 대비하게 한 것일 수도 있어요."

이와 반대로 오로지 직역만 고집하면 가독성이 현저히 낮아져 아예 작가의 스타일이든 뭐든 따질 수조차 없다.

직역과 의역은 우리의 머릿속에만 존재하는 이항대립적 개념이다. 사실 현실에서는 순수한 직역도 순수한 의역도 없다. 번역가는 번역 과정에 개입하는 다양한 환경과 변수에 그저 본능적으로 대응할 뿐이다.

근대 최초의 번역이론가였던 에티엔 돌레는 1546년 8월 3일, 자신의 37번째 생일날 '신성모독'이란 죄명으로 파리 모베르 광장에서 먼저 교수형에 처해진 뒤 다시 화형에 처해졌다.

전성원, 「책과 출판의 문화사 — 불타는 책과 사람들」, 『인천일보』(2022.7.6.)

에티엔 돌레는 『한 언어를 다른 언어로 잘 번역하는 방법』이라는 서양 최초의 번역론을 남긴 인물이다. 그는 플라톤의 위작 『악시오코스』의 라틴어본을 프랑스어로 옮겼다가 이단으로 몰렸다. "죽어 버리면 자네는 이미 존재하지 않는 거니까"라는 구절을 "죽어 버리면 자네는 이미 무로 돌아간 거니까"로 의역해 영혼의 불멸성을 부정했다는 이유였다.

돌레는 "원문과 역문의 단어를 꼭 대응시켜야 한다는 강박 관념에서 벗어나라"는 번역 원칙을 갖고 있었다. 오늘날 번역계에서는 너무나 당연한 이 원칙이 그를 죽음의 구렁텅이로 몰아넣었다. 번역을 하려면 목숨을 걸어야 했던 옛 시대의 슬픈 에피소드다.

"번역은 랑그의 차이를 통해 파롤의 본질을 유지하는 의사소통 방법이다"라든지 "번역되어야 하는 것은 '기호체계'가 아니라 '메시지'다"라는 발언에서 볼 수 있듯이 번역이 랑그(추상적 언어체계)가 아닌 파롤(실제 언어 사용) 차원에서 연구되어야 한다는 점에 대해서는 큰 이견이 없는 상황이다.

피터 포셋, 『언어학과 번역』
(김도훈 옮김, 한국문화사, 2015)

번역가는 어쨌든 원문과 번역문의 등가를 실현하려 한다. 그러나 어휘적·문법적 구조의 근접성을 뜻하는 형식적 등가formal equivalence는 두 언어를 조직하는 랑그의 본질적 차이를 고려할 때 거의 실현 불가능하다. 설령 가능하더라도 번역문의 독자가 두 언어에 다 능숙할 수는 없으므로 바람직하지 않다. 그래서 유진 나이다가 주창한 역동적 등가dynamic equivalence가 더 귀에 솔깃하다. 이것이야말로 "기호체계보다는 메시지를 번역하여" "파롤의 본질을 유지하는" 번역 전략의 핵심으로 이른바 '수용자 반응' 차원의 등가다. 이 등가는 텍스트를 읽을 때 원문 독자가 느끼는 반응을 번역문 독자도 똑같이 느끼게 하면 비로소 실현된다.

내 생각에 대부분의 번역가가 무의식적으로 지향하는 등가는 역동적 등가일 것이다. 먼저 자신이 원문의 독자가 되어 반응을 감지한 뒤, 이어서 번역문 독자의 입장이 되어 그 반응을 복원하는 쪽으로 번역할 것이다. 그런데 피터 포셋은 역동적 등가가 다분히 주관적이며 자기중심적이라고 지적한다. 번역가가 원문 독자의 반응을 가늠하는 게 현실적으로 가능하냐는 것이다. 하물며 번역문 독자의 반응을 가늠하기도 만만치 않은데. 그렇다면 번역가가 측정하는 반응이란 사실 어느 쪽 독자의 것도 아니고 그저 자신의 것일 따름이다.

이 결론에 동의하지 않을 수 없다. 엄밀히 따지면 형식적 등가든 역동적 등가든 모든 등가는 환상에 불과하다. 번역가는 항상 제 나름의 등가에 이르려고 무진 애를 쓰지만 그 결과는 리라이팅일 뿐이다.

원작과 번역 사이의 '진실한 관계'는 대응의
관계도, 등가의 관계도 아니고 '공명'이다.

위안샤오이·쩌우둥라이袁筱一·鄒東來,
『문학번역의 기본 문제』文學翻譯基本問題
(上海人民出版社, 2011)

내게 원작과 번역 간의 '공명'은 원작 속 인물과 나의 교감 혹은 주파수의 일치를 뜻한다. 때로 그들은 내 삶의 고민과 답답함을 대신 발산해 주곤 한다. 내가 가장 지쳐 있던 시기, 그때 번역하던 소설 『독종들』의 두 주인공은 열기구를 유에프오로 착각해 쫓아가며 나 대신 외계로의 탈출을 꿈꿨다.

나는 자주 딩샤오하이가 모는 오토바이 뒷자리에 앉아 난징 시내를 돌아다녔다. 특별한 목적도 없이 여기저기를 쏘다녔다. 한번은 오토바이의 시동을 걸었는데 우측 전방의 하늘에 가물가물 밝은 점이 움직이는 것이 보였다. 나는 그것이 비행접시라고 단언했다. 그래서 우리는 비행접시를 교외까지 쫓아갔다. 그 밝은 점은 더 눈부시게 빛났다. (…) 귓가에 휙휙, 바람 소리가 스쳤고 뒷자리에 앉은 나는 문득 비행접시에 납치되는 기분이 들었다. 그 느낌은 정말 너무나 좋았다. 나는 책에서 본, 비행접시에 납치되었던 사람들이 왜 그리 그걸 달가워하지 않았는지 이해가 안 갔다. 그들은 사후에 치유하기 힘든 심리적 상처를 입었다. 하지만 나였다면 너무나 반겼을 것이다. 납치되어 난징을 떠나고, 지구를 떠나고, 홀로 된 연로한 어머니 곁을 떠나더라도 전혀 아쉽지 않았을 것이다. 그래서 머나먼 외계 혹성에 머물러 동물원 우리에 갇히는 신세가 되었어도 후회하지 않았을 것이다. 나는 딩샤오하이에게 물었다.

"너, 외계인한테 납치당하고 싶지 않냐?"

그는 말했다.

"뭐라고? 잘 안 들려!"

"너, 외, 계, 인, 한, 테, 납, 치, 당, 하, 고, 싶, 지, 않, 냐, 고?"

"그, 러, 고, 싶, 어, 당, 연, 히, 그, 러, 고, 싶, 어!"

역시 내 가장 친한 친구다웠다. 그래서 우리는 그 납치의 희망을 향해 미친 듯이 달렸다. 지나간 삶 따위는 등 뒤로 날려 버렸다.

연어는 둘 이상의 단어가 모여 텍스트의 의미를 가장 이상적으로 전달하기 위한 하나의 집합체인 반면, 연어를 번역하는 행위는 이러한 집합체를 해독하고 해체하여서 의미를 분석해 내는 일련의 과정으로 볼 수도 있겠다.

김동미·신동선, 「연어(連語) 번역 교육의
필요성 연구」, 『통번역교육연구』18권 1호
(한국통번역교육학회, 2020.6)

어떤 뜻을 나타낼 때 관습적으로 함께 쓰이는 단어 결합을 연어 collocation라 한다. 단순한 단어 결합을 뜻하는 구phrase와 달리 연어는 이른바 선택 제약selection restrictions에 따라 항상 특정한 방식으로 단어를 조합한다. '아슬아슬한 위험'과 '사나운 늑대'에서 앞의 수식어는 뒤의 명사와 관용적으로 붙어 다녀 버릇한다. 그래서 이 연어 구조가 다른 수식어를 '위험'과 '늑대' 앞에 놓은 연어 구조보다 수용성이 높고, 그래서 독자가 보기에 더 친숙하고 안정적이다.

　나는 넓은 의미에서 연어도 '발이 넓다'와 같은 관용구라고 보며, 연어에 대한 예민한 감각과 원활한 구사력이 번역가의 기본 중 기본이라고 생각한다. 어색한 번역은 십중팔구 원문의 연어 구조를 가공 없이 번역문으로 옮겨 온 데서 기인한다. 원문의 연어는 그 나라의 문화를 배경으로 하므로 번역문에서 똑같이 재현될 리가 없다. 번역가의 세심한 조정이 필요하다.

원천텍스트로부터 목표텍스트로의 의미 전이 과정에는 반드시 어느 정도의 번역 손실translation loss이 수반된다는 점을 인정하는 편이 훨씬 현실적이다.

정연일, 「번역에 있어서 효과의 등가성과
번역 손실」, 『통번역학연구』 3집
(한국외국어대학교 통번역연구소, 1999.12)

서로 다른 언어의 어휘는 각기 비슷해 보이는 사물과 사태를 가리키더라도 의미와 의미 구조가 불일치한다. 이는 그 사물과 사태가 양쪽 문화에서 상이한 속성을 가져서일 수도 있고 양쪽의 언중이 상이한 방식으로 그 사물과 사태를 인식해서일 수도 있다. 그래서 어느 쪽이 원인이 됐든 번역 과정에서 "손실 및 변화를 수반하게 된다".

요즘 나는 중국어의 '단위'單位라는 단어에 대해 생각이 많다. 중국인은 우리가 "당신은 어떤 직장에 다니죠?"라고 물을 때 그 '직장'에 해당하는 말로 이 '단위'를 사용한다. 일단은 '먹고살기 위해 출근해서 일하고 월급을 받는 특정 장소'가 맞긴 하다. 그런데 중국의 오랜 사회주의 역사에서 '단위'는 단순한 직장이 아니었다. 직장의 울타리 안에 직원의 집과 학교와 온갖 편의시설이 다 있는 일종의 커뮤니티나 다름없었다. 지금은 예전과 달리 '단위' 역할을 하기 힘든 소규모 민영기업이 늘어났고 그런 기업도 아직 편의상 '단위'라고 부르긴 하지만, 어쨌든 중국어의 '단위'는 한국어의 '직장'으로 번역될 때 대부분 막대한 의미의 손실을 입는다.

이런 까닭에 어떤 번역가는 '단위'를 고유명사로 취급해 '단웨이'라고 번역한 뒤 간단한 역주를 달기도 했다. 하지만 이런 '계몽적인' 방법은 문학 번역에서는 쓰기 힘들다. 어떤 형태를 취하든지 주석은 독서의 흐름을 방해하기 때문이다. 소설이나 시를 번역할 때 해당 정보를 모르면 텍스트를 이해하기 힘든 경우에만 역주를 삽입한다.

동어 반복뿐 아니라 동음 반복을 피하는 것도 군더더기를 없애는 한 방법이다. 다음 문장에는 비슷한 소리가 반복돼 자연스럽지 않은 부분이 있다: "그는 커다란 울리는 목소리로 내게 말했다." '커다란'의 'ㄴ' 소리와 '울리는'의 'ㄴ' 소리가 연달아 나와 읽기 불편하므로 발음이 겹치지 않게 고치는 게 좋다.

이강룡, 『번역자를 위한 우리말 공부』
(유유, 2014)

동어 반복을 피하는 것은 번역가뿐만 아니라 글 좀 쓴다는 이들의 보편적인 상식이다. 수사법을 의도한 게 아니라면 한 문장 내에서, 나아가 한 문단 내에서 같은 단어를 반복 사용하지 않는다. "그 일은 다시 재론再論하지 맙시다"의 '다시'와 '재'처럼 한자어에 이미 들어 있는 의미를 미처 모르고 되풀이하는 경우도 여기에 포함된다.

번역을 시작한 지 얼마 안 돼 자신감이 부족할 때는 권위 있는 사람의 칭찬이 무척 힘이 된다. 겨우 세 번째 역서를 낸 신인 시절, 나는 출판사 편집장이었던 어느 시인에게 칭찬을 들었는데 바로 동어 반복과 관련된 것이었다. "각 문단 안에 같은 단어가 하나도 없던데"라는 그 한마디에 속으로 '아, 내가 잘하고 있구나!'라고 안도했고 그 후로도 가끔 그 말을 상기하며 스스로 힘을 북돋웠다.

그런데 동어 반복보다 동음 반복을 피하는 것이 훨씬 까다로우며 이것에 능한 글쟁이야말로 고수의 자격이 있다고 생각한다. 번역 강좌에서 수강생의 과제를 받아 봐도 동음 반복을 경계하고 맵시 있게 피할 줄 아는 사람이 많지 않다. 앞 예문의 "커다란 울리는"처럼 이어지는 두 성분의 끝 음이 비슷해지는 일이 없도록 계속 신경 쓰며 번역해야 한다. 동어 반복이 문장의 효율성을 저해한다면 동음 반복은 가독성을 저해한다. 이를 유념하는 동시에 글 분위기에 적합한 음운의 단어를 골라 쓸 줄 아는 번역가가 있다면 그에게 우리가 바랄 것은 더 이상 없다.

한국어는 주어가 쉽게 '탈락' 또는 '생략'되는 언어로 잘 알려져 있다. 중국어, 일본어, 스페인어 등과 같이 한국어에서는 문장의 주어가 생략되어도 대화가 자연스럽고 문법적으로 어색하지 않다.

이나라, 「한국어의 1·2인칭 주어 생략 현상에
대한 재고」, 『담화와인지』 21권 3호
(담화인지언어학회, 2014.12)

소설 『책물고기』를 번역해 글항아리 출판사에 넘기고 나서 얼마 뒤였다. 직접 편집을 맡은 강성민 대표가 전화를 걸어와 내게 따졌다.

"선생님, 원고 읽고 있는데 주어가 너무 많아서 성가셔요. 싹 좀 빼겠습니다!"

나는 창피하기도 하고 미안하기도 해서 기어 들어가는 목소리로 그러라고 했다. 아, 내가 왜 그랬을까.

왜 그러긴. 경각심 없이 번역했기 때문이다. 이런 일은 문학 번역 직전에 다른 분야의 책을 번역했을 때 종종 일어난다. 그때 나는 중국사 책을 번역하고 나서 곧바로 『책물고기』를 번역했고, 금세 '모드 전환'을 하지 못해 그만 강 대표에게 핀잔을 듣고 만 것이다.

한국어는 영어보다, 동시에 중국어보다 주어를 생략하는 경우가 많다. 특히 소설이나 에세이처럼 동일 화자의 말이 서술문으로 쭉 이어지는 글은 훨씬 더 그렇다. 하지만 역사, 철학 등 비문학 분야의 글은 상황과 사물을 명확히 지시하고 구별해야 하므로 상대적으로 주어를 더 많이 쓴다.

주어가 명사가 됐든 대명사가 됐든 이어지는 두 문장의 주어가 같으면 뒷문장의 주어는 반드시 생략해야 느낌이 자연스럽다. 맥락이나 구조상 빼는 게 여의치 않다면 최소한 둘 중 하나는 대명사로(또는 명사로) 바꿔 줘야 한다. 연속되는 문장의 주어가 같은 것만큼 꼴불견은 없으니까.

동사의 명사화, 부사의 형용사화, 새로운 시제의 수용 못지않게 한국어가 겪은 커다란 변화는 '의'의 비중이 커졌다는 것입니다. 이 변화는 영어와 일본어에서 이중으로 영향을 받았습니다.

이희재, 『번역의 탄생』
(교양인, 2009)

한국어의 순수성을 따지는 것은 무의미하다고 생각한다. 고대에 수입한 한자에서 생성된 한자어가 사전 표제어의 약 52퍼센트에 달하고 사회과학, 화학, 물리, 법학 등 각 학문 분야의 기본 술어가 대부분 근대 일본의 번역어이며 또 해방 이후에는 영어를 위시한 서구어에서 비롯된 외래어가 매일같이 탄생하고 있는데 무슨 '순수성'을 논하겠는가. 오히려 한국어는 다양한 외국어의 영향을 마치 용광로처럼 한데 녹여 무한히 변신해 왔다고, 그만큼 유연하고 자유로운 언어라고 말하고 싶다.

그러나 한국어 고유의 특성을 저해하는 서툴고 비효율적인 언어습관은 경계한다. 한국어는 품사 중에 동사와 부사가 명사와 형용사보다 비중이 커서 동적이고 구체적인 느낌이 강하다. 이를 유념하지 않으면 글을 쓰든 번역을 하든 힘없고 추상적인 문장이 나온다. 소설에서 "빠르게 달려갔다"를 굳이 "빠른 속도를 유지했다"라고 쓸 필요는 없지 않은가. 또 한국어는 시제 구분이 까다롭지 않은데도 대과거를 나타낸답시고 '했었었다'처럼 과거시제 선어말어미를 중복해 쓰고, '그의 마음의 상처'처럼 관형격조사 '의'를 연달아 쓰곤 하는데, 모두 어색하기 그지없다.

한국어는 의성어와 의태어가 발달해 음상이 무척 풍부한 것도 이채롭다. 그래서 적어도 문학 번역을 할 때는 일부러 의성어와 의태어를 활용해 문장에 생동감을 불어넣으려 애쓰는 편이다. "그는 (화가 나서) 얼굴색이 변했다"보다 "그는 얼굴색이 붉으락푸르락했다"가 느낌이 훨씬 직접적이지 않은가.

한국어는 다른 언어권의 외국인에게 어려운 언어로 손꼽힌다. 조사, 접사, 어미를 활용하여 문장을 만드는 방식부터가 낯설고 복잡할뿐더러, 어조에 따른 변이형들이 매우 불규칙하게 존재한다.

「우리말 톺아보기 — 배우기 쉬운
한국어? 배우기 쉬운 한글?」,
『한국일보』(2020.2.14.)

나는 중국어를 사랑한다. 특별히 애착이 있어서는 아니다. 오로지 문법이 터무니없이 쉬워서다. 고립어인 중국어는 변화가 거의 없다. 명사의 복수형도 없고 인칭대명사의 격변화도 없고 시제와 태에 따른 동사 변화도 없다. 입문 과정에서 성조라는 허들만 넘으면 쭉 단어만 외우면 된다. 그것도 외우고 또 외우다 어느 순간 놓아 버리게 된다. 중국어의 상용한자가 3,500자라고는 하지만 그것의 조합으로 만들어진 숱한 단어를 어느 세월에 다 외우겠는가. 오래 원문을 읽다 보면 언젠가 익숙해져 사전 찾을 일이 없어지겠거니 하고 포기한 지 오래다. 하지만 한자는 합성이 용이해서 신조어가 끝도 없이 쏟아져 나오는 데다 품사 전성까지 자유롭다. 별수 없이 이 나이가 되도록 사전에서 못 벗어나고 있다.

이렇게 말하고 보니 도대체 중국어가 쉬운 건지 아닌지 헷갈리긴 하지만, 어쨌든 한국어를 배우느라 애먹는 중국인 유학생을 보면 흐뭇하기도 하고 미안하기도 하다. 중국어가 아무리 어려운들 한국어만 하겠는가. 한국어의 백미는 뭐니 뭐니 해도 용언 어간에 붙는 어미다. 어미는 한국어에서 온갖 역할을 다 한다. 청유, 의문, 명령으로 문장을 끝내기도 하고 시제, 높임을 나타내기도 하며 절과 절을 연결하기도 한다. 한국어의 이런 교착어적 특성을 외국인이 익히려면 얼마나 어렵겠는가.

번역은 집요하고 꼼꼼한 구석이 있어야 하는 일이다. 모른다고 대강 넘어가겠다는 자세로는 절대 성공할 수 없다.

김우열, 『나도 번역 한번 해볼까?』
(잉크, 2008)

번역가에게는 외국어와 모국어 실력만큼 중요한 덕목이 한 가지 더 있다. 바로 '성의'다. 번역가에게 성의가 뭐겠는가. 아무리 어렵고 모호한 원문도 이해될 때까지 집요하게 물고 늘어지는 것이다. 그러면 99.9퍼센트는 이해가 된다. 그래도 이해가 안 된다면? 마지막 0.1퍼센트만 원저자의 연락처를 구해 문의하거나 문맥에 맞게 의역하는 등 다른 방도를 고민하면 된다.

오래전 한 출판사에 후배 번역가를 소개했다가 그 출판사로부터 "그분이 번역을 끝내긴 했는데 미심쩍은 부분이 여러 군데 있습니다. 선생님이 뭐가 문제인지 좀 봐주시겠어요?"라는 메일을 받았다. 의아해서 원문과 번역문을 대조해 보니 심오한 문장과 부딪힐 때마다 얼버무리고 넘어가 버린 게 아닌가. 당시 얼마나 화가 났는지 모른다. 후배는 소설까지 쓰는, 나보다도 필력이 좋은 실력자였지만 성의 부족으로 번역을 망치고 말았다.

하지만 성의가 지나쳐서 역효과를 낼 수도 있다. 또 다른 후배 번역가는 원어에 완벽히 대응하는 번역어를 찾으려고 너무 '집요하고 꼼꼼하게' 고민했다. 단어 하나를 결정하는 데 한두 시간이 꼬박 걸렸고 나중에는 띄어쓰기와 맞춤법 강박증까지 걸려 도저히 진도를 나가지 못했다. 번역가는 집요해야 하지만 그 정도가 지나쳐도 안 된다.

번역학의 선구자들 중 에티엔 돌레, 알렉산더 티틀러, 시인 드라이든은 모두 실제 번역가로 일하면서 얻은 결론을 밝혔는데, 그중 공통적인 원칙을 들면 "원천언어와 목표언어 모두에 통달하고 저자가 말하고자 하는 의미를 이해하며 원문의 매끄러움을 유지하도록 적절하고 자연스러운 문체로 번역하는 것"이다.

메리 슈넬-혼비, 『번역학 발전사』
(허지운 외 옮김,
이화여자대학교출판문화원, 2010)

최초의 번역 이론가였던 16세기 프랑스의 에티엔 돌레뿐만 아니라 번역 방식을 축어역, 의역, 번안으로 분류했던 17세기 영국의 존 드라이든까지 이상적으로 생각한 번역의 상은 동일했다. "저자가 말하고자 하는 의미를 이해해" "원문의 매끄러움을 유지하는" 것을 전제로 삼긴 했지만 그들이 떠올린 번역의 최종 결과물은 어쨌든 "적절하고 자연스러운 문체"로 이뤄져야 했다. 그러면 '적절하고 자연스러운 문체'가 발휘된 번역은 구체적으로 어떤 것일까? 원저자가 번역어의 문체를 의식하며 글을 쓸 리는 없다. 따라서 '적절하고 자연스러운 문체'란 번역가의 문체이며, 그의 목표는 관습적이고 친숙한 언어로 텍스트의 의미를 자연스럽고 분명하게 자국 독자에게 전달하는 것이다. 이것은 곧 서구권에서 전통적으로 좋은 번역이라 평가해 온 '투명한'transparent 번역의 속성이기도 하다.

하지만 '투명하다'는 건 뭘까? 만일 텍스트의 의미가 어떠한 장애 요소도 없이 훤히 들여다보이는 것을 뜻한다면, 그것은 사실 번역가가 원문의 복잡성을 단순화해 주요 의미만 부각시킴으로써 확보한 인공적 투명함이다. 자국어의 문화 수용 기준과 가독성 기준에 맞춰 번역가가 철저히 벼려 낸 산물인 것이다. 그런데도 대부분의 독자는 '잘된 번역서'를 몰입해 읽을 때 번역가의 존재는 안중에도 없다. 원저자의 목소리가 투명하게 자기 귀에 직접 와닿는다고 느낀다. 이것은 재현에 대한 얼마나 낭만적인 환상인가.

출판번역에 막강한 영향력을 행사하는 출판인, 더 나아가 후원인 집단은 원문 텍스트 이해 능력을 갖지 못한 경우가 많다. 이런 상황에서 결국 출판인은 도착어로 '매끄럽게 잘 읽히는' 번역 방법론을 선호할 수밖에 없다.

이상원·이향, 「출판 번역 현황에 대한 연구
—편집자 면접 조사를 바탕으로」, 『번역학연구』
5권 1호(한국번역학회, 2004.3)

매끄러운 번역, 투명한 번역은 독자만 선호하는 게 아니다. 그들에게 책을 팔아야 하는 출판업자도 당연히 선호한다. 출판업자들이 꼽는 베스트셀러의 조건은 '남녀노소 100만 명이 다 읽을 수 있는 책'이다. 누군가는 "지적 수준이 중학생 정도인 책"이라고도 했다. 한마디로 글의 내용과 스타일이 다 무난해야 한다는 것이다. 그렇지 않고 독자의 원활한 읽기를 방해하는, 고급스러운 언어적 효과가 빈번히 나오는 책은 베스트셀러가 될 가능성이 없다.

　어렵지만 의미심장한 책을 가방에 한두 달씩 넣고 다니며 틈나는 대로 조금씩 곱씹어 읽는 독자는 거의 소멸했다. 대신 일상을 마무리하고 분위기 좋은 카페에 앉아 머리를 식힐 용도로 책을 꺼내 드는 독자가 상대적으로 많아졌다. 이런 까닭에 이 시대의 출판업자들은 어쩔 수 없이 가볍고 매끄러운 책을, 디자인은 앙증맞고 불편한 주제는 피해 가는 범용성 책을 더 많이 내게 된다. 사실 누구나 읽을 만한 책은 누구나 꼭 읽을 필요는 없는데 말이다.

엄복(옌푸)嚴腹은 1898년 T. H. 헉슬리의
『천연론』天演論을 번역하면서 '신'信, '달'達,
'아'雅라는 번역 기준을 제시했고 이로부터
중국에서의 번역 기준이 생기게 되었다.

김현덕·김기승, 「명리고전 번역 방법론에
관한 엄복의 신·달·아의 번역 기준 연구」,
『산업진흥연구』 5권 1호
(산업진흥원, 2020.1)

엄복은 청나라 말기와 중화민국 초기에 활동한 근대 중국 최초의 영어 번역가다. 토머스 헉슬리의 『진화와 윤리』를 평역한 『천연론』으로 당시 중국 사상계에 처음 사회진화론을 알려 충격을 주었으며, 서구의 발전된 제도를 소개하겠다는 일념으로 몽테스키외의 『법의 정신』과 애덤 스미스의 『국부론』을 번역하기도 했다. 이런 그의 대표적 번역 이론은 '신'(충실함), '달'(유창함), '아'(우아함)다. 그에게 이 세 가지는 훌륭한 번역을 위해 어느 하나 빠져서는 안 되는 유기적 요소였다. '신'은 근본적인 것이고 '달'은 이어 주는 것이며 '아'는 보이는 것이라 설명하기도 했다.

사실 '신'과 '달'은 그리 신선해 보이지 않는다. 하지만 '아'는 다르다. 번역의 미학적 측면에 해당하는 이것을 나는 일종의 품격이라 생각하는데, 서양 번역 이론에서는 이와 비슷한 지적을 한 예를 본 적이 없다. 그럴 만도 한 것이, 과학적 연구를 중시하는 서양 학자들에게 정의하기도 계량하기도 힘든 이 품격은 다루기 지극히 까다롭기 때문이다. 번역의 품격은 아마도 우아한 음운과 어휘와 구문이 한데 결합해 자아내는 어떤 것이리라.

번역가에게 품격은 매우 중요하다. 특히 인문서와 순수문학 작품을 번역할 때는 거의 필수다. 왜냐하면 이 분야 독자의 수준이 워낙 높기 때문이다. 고급 독자의 눈에 들려면 당연히 번역가도 고급 품격을 갖춰야 하지 않겠는가. 하지만 현실은 그렇지 않아서 나는 번역을 다 마치고도 품격 문제로 출판사로부터 원고를 반려당한 역자를 몇 명 본 적이 있다. 그 결과 어떻게 됐을까? 베테랑 역자가 투입돼 대대적으로 원고를 뜯어고친 적도 있고 아예 역자를 교체해 새로 번역한 적도 있다. 출판사 입장에서는 역자에게 차마 못할 짓이었지만 책을 살리기 위해 그럴 수밖에 없었다.

100명의 유능한 번역자들에게 한 페이지를 번역하라고 했을 때, 똑같은 번역이 하나라도 나올 확률은 0에 가깝다. 이러한 사실 때문에 많은 사람은 번역을 흥미로운 주제로 여기지 않게 되었다. 왜냐하면 번역은 언제나 정확하지 않은 근사치이며, 말하자면 2류이니까.

데이비드 벨로스, 『번역의 일』
(정해영·이은경 옮김, 메멘토, 2021)

작은 출판사에서 기획위원을 맡고 있을 때였다. 중국 책 한 권을 기획해 번역자를 모집했고 꽤 여러 명이 샘플 번역을 보내왔다. 모두 원서의 동일한 몇 페이지를 번역한 것이었다. 사장이 그것을 다 읽고 나서 감탄하며 말했다. "영어도, 일본어도 샘플 번역을 시켜 봤지만 중국어는 또 다르네요. 같은 원문을 번역한 건데 어쩌면 이렇게 모두 하늘과 땅 차이죠?" 한국어와 여러모로 비슷한 일본어나 학습과 번역의 역사가 오래된 영어는 여러 명에게 샘플 번역을 시켜도 전체적인 틀이 유사하게 나온다. 하지만 중국어는 그렇지 않다. 고문을 섞어 쓴 함축적인 글일수록 더 그렇다. 영어와 일본어를 번역하면 글밥이 기껏해야 20~30퍼센트 늘어날 뿐이지만 중국어를 번역하면 80~100퍼센트가 늘어난다. 그리고 늘어나는 글밥은 전부 번역가가 끙끙대며 '생으로' 지어내야 한다. 그러니 중국어 번역이 영어와 일본어 번역에 비해 훨씬 더 제각각일 수밖에 없다.

번역은 언제나 정확하지 않은 '근사치'여서 2류를 못 벗어나는지도 모르지만 나는 그래서 좋다. 다양해서 좋다. 사람들의 개성이 표현되어 좋다. 번역을 가르치면서 같은 원문에 대한 학생들의 번역문을 보면 한 명 한 명의 성격이 보인다. 번역은 유일무이한 개성의 존재 증명이다.

번역가의 　　　 풍부한 　　　 언어적 　　　 기초를
바탕으로 　 한 　 번역문의 　 언어적 　 유창함도
번역의 　　　 중요한 　　　 기준이지만 　　　 한때
유창하다고 　　　 공인받던 　　　 번역 　 작품도
나중에 　 가서 　 생명력이 　 결핍될 　 수 　 있다.

샤오웨이칭肖維青,
『번역비평 모델 연구』翻譯批評模式研究
(上海外語教育出版社, 2010)

잘 알려진 것처럼 시인 김수영은 직업이 세 개였다. 하나는 시인, 다른 하나는 양계업자, 마지막은 영어 번역가. 관련 자료를 보니 그는 예이츠 등의 영시뿐만 아니라 뉴크리티시즘 이론가 앨런 테이트의 『현대문학의 영역』, 에머슨의 『문화·정치·예술』 같은 평론집도 다수 번역했다. 사실 1950~1960년대에는 원서를 구하기가 매우 어려웠다. 아마도 그는 한국전쟁 전후로 지식인들의 서재에서 쏟아져 나온 원서를 길거리 노점상과 헌책방을 누비며 고르고 다녔을 것이다.

그러나 반세기가 넘은 지금, 김수영이 번역한 시와 평론집은 서점에서 보기 힘들다. 그것들이 국내 지식 담론의 중심에서 이미 멀어진 게 가장 큰 이유일 것이다. 하지만 김수영이 활약한 시대의 '언어적 유창함'이 지금 우리의 눈과 귀에는 그렇지 못한 것도 중요한 이유일 것이다.

언어적 유창함은 시대성을 띤다. 시대마다 표준이 되는 문체가 다르므로 1960년대 김수영의 번역문이 2020년대에 유창하게 읽힐 수는 없다. 더군다나 김수영은 해방 전 일본어로 학교 수업을 들은, 그래서 때로는 일본어로 떠오른 생각을 한국어로 번역해 글을 쓴 세대였다. 아마 한글세대의 번역가보다 번역문의 시효가 훨씬 더 짧았을 것이다.

번역의 일은 창작의 일과는 달라서 힘은
죽도록 쓰면서도 남는 것이 없다. 동일
작품을 A, B, C가 번역하는 관계상
언제나 신작이 구작보다는 어느 면에
있어서든지 우수하며 구작에 붓을 든 사람은
언제 사라졌는지도 모르게 사라지고 만다.

김병철, 『한국 근대번역문학사 연구』
(을유문화사, 1975)

쓰지 유미가 "번역은 동시대를 살아가는 사람을 위한 것"이라고 말했듯이 대부분의 번역은 수명이 짧다. 갓 데뷔작을 낸 번역가가 흥분해서 "제 번역서가 서점에 꽂혀 있을 거라 생각하면 가슴이 벅차요!"라고 말하면 나는 (속으로) 찬물을 끼얹는다. '한 달 후면 손도 안 닿는 구석 자리에 꽂히고 또 한 달 후면 인터넷에서만 살 수 있게 될지도 몰라요.' 그리고 1년, 2년, 3년, 시간이 흐르면 결국 품절되어 헌책방에서나 보게 된다. 내가 낸 70여 권의 역서 중 절반이 이미 그렇다.

작년에 대학원 수업을 준비하느라 30년 만에 프로이트의 『정신분석학 입문』을 다시 사서 읽었다. 나는 대학 신입생 때인 1990년에 이 책을 처음 읽고 정신분석학의 기본 개념과 용어를 매우 요긴하게 익혔다. 새로 산 『정신분석학 입문』은 당연히 개정판이었다. 2017년에 개정되었고 내가 산 책은 개정판 5쇄였다. 실로 무시무시한 생명력이다. 1990년 초판 1쇄가 나온 후 30년간 독자의 사랑을 받아 온 셈이니까. 이렇게 수명이 긴 단행본 역서는 대단히 보기 드물다.

하지만 역서는 의구하되 역자는 간데없었다. 나는 내가 그 책의 역자 이름을 지난 30년간 잊지 않았음을 깨달았다. 그만큼 열심히, 감명 깊게 읽은 것이다. 책 뒤의 역자 소개를 들춰 보았다. '옮긴이 서석연. 일본 오사카 외국어대학(독일어학부), 동 대학원 졸업. 전남대, 성균관대 등 교수 역임. 경성대 명예교수……'

인터넷을 좀 더 뒤진 뒤 나는 잠시 망연해졌다. 어디에서도 역자 소개 이외의 자료를 찾을 수가 없었다. 그가 미하엘 엔데의 『모모』와 안네 프랑크의 『안네의 일기』를 초역한 사람임을 알았을 뿐. 책만 남겨 놓고 그는 어디로 훌쩍 사라졌을까. 나는 또 어디로 사라질 것인가.

훔볼트의 번역론에 따르면 번역은 번역판을 읽는 사람들에게는 낯선 표현으로 느껴지는 것이 아니고 '낯선 것'das Fremde으로 느껴져야 한다. 즉 번역에 외형적 낯선 느낌이 나타나지 않고 내용적인 낯설음이 느껴져야 한다는 것이다. 그러나 어떤 번역자는 가끔 이 낯섦을 버리고, 완전히 독자를 생각한 용해된 말로 번역하려고 하는데 이는 너무나 위험할 수 있다.

안정오, 「훔볼트의 언어사상과
번역이론」, 『독어독문학』 81권
(한국독어독문학회, 2002.3)

편집자는 어떤 유형의 번역가를 싫어할까. 가장 싫어하는 유형은 연락을 끊고 잠수하는 번역가다. 하지만 요즘엔 그런 번역가를 본 적이 없다. 그런데 편집자가 두 번째로 싫어하는 유형의 번역가는 수시로 눈에 띈다. 이 유형은 그들의 번역관과 관련이 있다. 그들은 편집자가 번역 원고를 보다가 영 미심쩍은 점이 있어 연락을 해 오면 딱 한마디로 답한다. "원문이 그래요!"

원문이 알쏭달쏭하면 번역문도 알쏭달쏭해야 하는가. 범위를 문학에 한정하면 기본적으로 그렇긴 하다. 하지만 문학 이외의 실용서나 사회과학서는 절대 그래선 안 된다. 독자가 고개를 갸웃하게 만드는 부분이 없도록 번역가는 원문의 모호한 표현을 최대한 명확하게 바꿔야 한다.

그렇다면 문학은? 문학이 문학일 수 있는 것은 언어의 커뮤니케이션과 탈脫커뮤니케이션 기능을 함께 사용하기 때문이다. 문학에서는 소통을 위한 언어의 명시적 의미보다 소통 회로에서 벗어난 함축적 의미가 더 중요하다.

따져 보면 특정한 상징과 비유가 원문과 번역문에서 똑같은 의미로 작용하리라는 보장은 없다. 그 상징과 비유가 형성되고 쓰인 역사적 맥락이 각 문화마다 다르기 때문이다. 그렇다면 역자가 그 맥락을 설명해 상징과 비유의 의미를 뚜렷하게 밝히면 되지 않을까? 안 된다. 상상적 읽기의 재미가 없다면 왜 굳이 문학서를 읽겠는가.

문학 번역가는 다른 분야 번역가보다 훨씬 더 충실한 번역을 한다. 원문의 사소한 표현 하나까지 놓치지 않도록 최선을 다한다. 나아가 그의 충실성은 함축의미를 형성하는 원문 구조를 장악해 번역문에 고스란히 재현하는 데까지 나아가야 한다. 아, 물론이것은 권장 사항일 뿐이다. 지나친 이상이라는 것은 나도 안다.

번역은 아무 작품이나 해도 좋은 것이
아니라 조금은 발돋움을 해서라도 수준
높은 작품을 겨냥하는 것이 좋다.

쓰지 유미, 『번역사 산책』
(이희재 옮김, 궁리, 2001)

신인 번역가는 첫 번역서로 어떤 책을 고르는 것이 좋을까. 지금까지 내가 접촉해 본 이들은 대부분 분량이 적고 난도가 낮은 동화나 에세이를 원했다. 부담 없이 시작해 차근차근 단계를 밟아가고 싶어 했다. 하지만 이런 바람은 현실적으로 실현되기 어려우며 다소 소극적이기도 하다.

신인 번역가에게 데뷔작을 고를 선택권 같은 게 있을 리 없다. 출판사로부터 어떤 책을 의뢰받든 간에 당장 번역가로 데뷔만 할 수 있으면 감지덕지하기 때문이다. 설령 그런 선택권이 있다 하더라도 문제다. 경력 초반에 몸을 움츠리고 쉬운 동화나 에세이만 맡으려 하고 또 그 책이 잘 팔리기라도 하면 동화 전문 혹은 에세이 전문 번역가로 정체성이 굳어질 위험이 있기 때문이다. 처음부터 그럴 생각이었다면 별문제 없겠지만 본래 다른 장르를 선호했다면 두고두고 아쉬울 수 있다.

첫 번역서든 아니든 간에 신인 번역가가 도전해 보고 싶은 분야, 좋아하는 주제의 책을 의뢰받는다면 아무리 어려워 보여도 앞뒤 재지 말고 덥석 수락하기를 권한다. 무서워할 필요 없다. 프랑스의 번역가 발레리 라르보는 "스위프트나 괴테나 레오파르디의 번역자가 이 거장들과 동등할 필요는 없다. 요구되는 것은 단지 좋은 번역을 하는 것이다"라고 했다. 무모한 자신감으로 수준 높은 텍스트와 격투를 벌이다 보면 어느새 훌쩍 커 있는 자신을 발견하게 될 것이다. 내가 두 번째로 낸 번역서는 620쪽짜리 사상서였다. 2년이 걸렸고 200만 원을 받았지만 이천 번이라도 감사를 표하고 싶은 책이다. 그 책을 번역하면서 나는 비로소 번역가의 자격을 갖췄다.

완벽한 언어가 없듯이 완벽한 번역도
없다. 인간이 앞으로도 존속한다면
불완전한 언어를 끝없이 갈고닦는
불완전한 번역가의 모습에 매료될 것이다.

신견식, 「AI 번역의 시대에
인간 번역가가 살아남는 법」,
『에스콰이어』(2021.3)

원문은 출발어 독자의 반응을 겨냥해 쓰인다. 만일 번역문이 도착어 독자에게서 그와 똑같은 반응을 이끌어 낼 수 있다면 그것은 성공한 번역이며 두 반응이 서로 가까우면 가까울수록 완벽한 번역에 가깝다고 말할 수 있다.

그러나 절대적으로 완벽한 번역이란 없다. 끝없는 노력으로 완벽에 더 가까워질 수는 있겠지만 현장 번역가의 관점으로 보면 왜 그래야 하는지, 꼭 그럴 필요가 있는지 다소 회의적이다.

나는 한 시간에 원서 한 페이지를 번역하고 하루 열 시간씩 일한다. 원서가 300쪽이면 마감까지 이론적으로 30일이 소요되는 셈이지만 보통은 휴일과 다른 업무를 고려해 60일을 번역 기간으로 잡는다. 이처럼 많은 양을 정해진 기간 내에 번역해야 하므로 번역의 '완벽함'만큼이나 '속도'도 중요하다. 애착이 가는 어떤 문단을 더 완벽하게 번역하려고 하루 종일 진도도 미룬 채 마냥 끙끙댈 수는 없다.

물론 한 편 또는 한 권의 작품을 관통하는 중요한 모티프가 갑자기 튀어나와 그 전후 문단을 장시간에 걸쳐 공들여 번역할 때도 있기는 하다. 하지만 그럴 때도 꼭 완벽하게 번역해야 한다는 사명감을 불태우지는 않는다. 너무 많이 시간을 들이지 않고 내 표현 능력의 한계 내에서 최선을 다할 뿐이다.

오래전 솜씨 좋은 후배 번역가가 '완벽 집착증'에 걸린 적이 있었다. 번역어 하나를 못 정하고 망설이느라 일고여덟 시간씩 날리더니, 나중에는 맞춤법 의심증까지 걸려서 국립국어원에 항의 전화를 걸어 논쟁을 벌이곤 했다. 결국 그는 맡은 책마다 제때 탈고를 못해 더 이상 일을 할 수 없게 됐다. 다소 극단적인 예이긴 하지만, 어쨌든 세상의 다른 일과 마찬가지로 번역도 완벽주의를 고집하면 결과가 좋지 않다.

정영목은 번역을 하기 전에 책을 먼저
숙독한다고 한다. 그다음 초벌 번역을
한 뒤, 퇴고를 한다. 번역가에 따라
초벌 번역에 시간을 들이는 사람이 있고,
퇴고에 시간을 더 들이는 이도 있다.

백승찬, 「백승찬의 나직한 인터뷰
— "번역투는 또 하나의 가능성,
매끄러운 번역에 집착하면 안 돼」,
『경향신문』(2018.6.8.)

번역가마다 퇴고하는 방식이 다르다. 누구는 빠르게 번역을 마친 후 한두 주씩 오래 퇴고를 하고, 누구는 꼼꼼히 점검해 가며 느리게 번역을 마친 후 하루 이틀 만에 퇴고를 끝낸다. 나는 후자다. 퇴고는 빠르면 한나절, 느려도 하루면 된다. 훑어보듯 후루룩 퇴고하고서 돌아보지도 않고 편집자에게 원고를 보낸다.

번역가마다 출간된 책을 대하는 방식도 다르다. 누구는 애정 어린 손길로 책장을 넘기며 오자는 없는지, 빠진 구절은 없는지 살피다가 혹시 있으면 기록해 편집자에게 보낸다. 나중에 중쇄를 찍을 때 고쳐 달라는 것이다. 또 누구는 도착한 증정본을 받자마자 아무렇게나 책장에 꽂고 아무렇게나 주위 친구들에게 선물로 돌린다. 절대로 책장을 펼치지 않는다. 나는 또 후자다. 많은 책을 냈지만 예외가 없었다.

나는 최선을 다해 번역한 적이 없다. 내 번역은 늘 미완성이었다. 번역이 요구하는 최선과 완성도에 나는 도저히 다다를 수 없다. 그래서 책이 나와도 펼치기가 싫은 것이다. 내 한계가 고스란히 눈에 들어오기 때문에.

동료 번역가 선생님이 나를 나무랐다.
"번역은 장거리경주예요. 마라톤이라고요.
그렇게 100미터달리기하듯이 전력
질주하면 지쳐서 오래 못 해요. 한두
해 번역하다 말 거 아니잖아요?"

권남희, 『번역에 살고 죽고』
(마음산책, 2021)

나는 집에서는 일을 못하는 체질이다. 스터디카페가 생기기 전에는 주로 커피숍에 나가 일을 했다. 한 장소에 계속 있는 것을 싫어해서 수없이 많은 커피숍을 이용했지만 그래도 상대적으로 자주 또 오래 이용한 커피숍이 있기는 하다. 바로 부천역의 엔제리너스와 카페베네 그리고 합정역의 할리스와 홍대입구역의 할리스다. 이 네 곳의 공통점은 무엇일까? 모두 24시간 영업하는 커피숍이라는 것이다. 나는 원고 마감이 임박할 때마다 이곳들에 가서 하얗게 밤을 새웠다. 아마 한 곳당 한 달씩은 그랬을 것이다. "번역은 장거리경주"인데도, "100미터달리기하듯이 전력 질주하면 지쳐서 오래 못"하는데도 그랬고, 그럴 수밖에 없었다. 출판사와의 약속을 어기는 게 자존심이 상해서인 적도 있었고 카드값 결제일이 코앞에 닥쳐서인 적도 있었다. 번역가로 일한 지 25년인데 그중 23년을 그렇게 100미터달리기하듯 살았다. 오십대에 들어서고 나서야 비로소 몸을 사리기 시작했다. 앞으로 몇 년 더 번역을 할 수 있을지는 미지수지만 말이다.

본능적 감각에 따라(어쩌면 나의 타고난 게으름과 조급함 때문에), 또 나의 그런 자부심 넘치는 번역 방법을 듣고 사람들이 놀라워함에도 불구하고, 나는 그 책(훌리오 코르타사르의 『팔방치기』Rayuela)을 처음으로 읽어 나가면서 번역했다.

그레고리 라바사, 『번역을 위한 변명』
(이종인 옮김, 세종서적, 2017)

번역가가 두꺼운 장편소설을 번역한다면 적어도 한 번은 미리 읽고 분석을 마친 뒤 번역하는 게 옳지 않을까. 아무래도 전체 스토리와 인물의 성격 변화를 꿰고 있어야 번역 과정의 오류를 최소화할 수 있을 테니까. 하지만 미국의 번역가 그레고리 라바사는 그렇게 하지 않았다. "읽어 나가면서 번역"했다. 더욱이 사건을 의도적으로 혼란스럽고 불분명하게 전개하는 것으로 유명한 아르헨티나 작가 훌리오 코르타사르의 작품까지도.

이에 대해 라바사는 두 가지 해명 즉 대외적 해명과 솔직한 해명을 준비해 들려준 바 있다. 전자는 "그렇게 하면 책을 처음 읽을 때의 신선한 느낌을 번역본에 부여할 수 있고, 또 번역본을 처음 읽는 독자도 그런 느낌을 부여받아야 마땅하다"였다. 후자는 "내가 너무 게을러서 같은 책을 두 번 읽는 것이 지루하다"였다.

나 역시 소설을 "읽어 나가면서 번역"하는 스타일이다. 조금 복잡한 부분은 미리 읽기도 하지만 기껏해야 한 페이지 정도다. 그 이유는 라바사와 크게 다르지 않다. 대외적인 동시에 솔직한 내 해명은 이렇다. "소설을 먼저 다 읽으면 앞으로 뭐가 나오는지 훤히 아는데 무슨 재미로 번역을 합니까!"

사이덴스티커는 번역가를 지망하는 이들에게 좋은 번역의 요령에 대해 한마디 조언한다. "작품을 시작하고 끝맺는 단락에는 특별히 주의해야 한다. 사람들이 가장 많이 주목하고 흠을 잡는 부분이기 때문이다."

「나는 어떻게 번역가가 되었는가?/
에드워드 사이덴스티커 지음」,
『서울신문』(2004.10.9.)

어떤 장르의 책이든 앞 10퍼센트와 뒤 10퍼센트가 가장 번역하기 힘들고 시간도 많이 든다. "사람들이 가장 많이 주목하고 흠을 잡는 부분"이어서 그럴 것이다. 사람들은 책을 살 때 앞 몇 페이지를 들춰 보고 자신이 기대하는 내용인지 가늠한 뒤 지갑을 열지 말지 결정한다. 그리고 한 권의 책을 통독할 때는 마무리가 마음에 드느냐 안 드느냐로 그 책을 최종 평가한다. 그러니 번역가는 앞부분과 뒷부분에 신경이 더 쓰이지 않을 수 없다.

하지만 다른 이유도 있다. 어떤 책이든 도입부 번역이 예외 없이 힘든 건 새로 만난 작가의 스타일에 적응해야 하기 때문이다. 낯선 어휘, 낯선 호흡, 낯선 분위기에 익숙해져 속도를 높이려면 최소한 일주일 정도는 헤매야 한다. 그리고 종결부 번역이 힘든 것은 아무래도 오랜 작업으로 기운이 소진됐기 때문이다. 마지막 열 페이지를 번역하는 게 중간의 백 페이지를 번역하는 것만큼 더디고 힘이 든다. 소설 같으면 작품의 클라이맥스 부분이므로 더 조심스럽고 예민해서 그렇기도 하다.

맥락은 일반적으로 언어적 맥락과 언어 외적 맥락으로 구분된다. 언어적 맥락이 표면에 나타난 언어에 기반하여 발생하는 개념이라면, 언어 외적 맥락이란 발화가 이루어지는 상황적 맥락이다.

김재원, 「번역에서의 맥락과 맥락효과에 대한 연구」, 『언어학연구』 24권 1호(한국언어연구학회, 2019.4)

나는 학생들에게 번역 과제 자료로 원문과 '반 페이지가 빠진 그 번역문'을 주곤 한다. 왜 그럴까. 그냥 원문만 주고 번역하라고 해도 되는데 말이다. 내가 그러는 것은 학생들이 그 반 페이지를 온전한 맥락 속에서 번역하기를 바라기 때문이다.

맥락은 곧 번역 행위를 둘러싼 총체적 환경이며 번역가는 원문의 상황 맥락과 '코텍스트'co-text 즉 언어 맥락을 파악함으로써 훨씬 수월하게 번역할 수 있다. 두 맥락은 번역가에게 원문 구절의 중의성을 해소해 주고 생략된 의미와 대명사의 지시 대상까지 넌지시 알려 준다.

그러면 나는 왜 학생들에게 굳이 원문만이 아닌 번역문까지 줄까? 이른바 '문체 맥락'이라 불릴 만한 것을 주고 싶어서다. 사실 문학, 역사, 사회과학, 실용 등 각 분야는 저마다 독특한 문체가 있다. 번역가는 새로운 분야의 책을 번역할 때마다 그것을 유념하여 작업한다. 문학은 수사적이고 다채로운 문체로, 사회과학은 정교하고 추상적인 문체로, 그리고 실용은 간명하고 구체적인 문체로 번역한다. 하지만 번역 초심자인 학생들이 그렇게 다양한 분야의 문체를 숙지하고 있을 리 없으므로 번역문을 같이 주고 읽게 해서 번역 전에 미리 머릿속에 '문체 맥락'을 구축하게 하는 것이다.

이처럼 상황 맥락, 언어 맥락, 문체 맥락을 다 꿰뚫어 볼 수 있다면 번역이 뭐가 어렵겠는가!

자국화 번역을 통해 자연스럽고 유려한 도착어를 도출하여 수용 문화의 일반 대중들이 쉽게 다가갈 수 있는 번역문을 창조할 수도 있고, 이국화 번역을 통해 원래 도착어에 없는 낯선 표현들을 번역문에 담음으로써 수용자가 낯섦에서 오는 새로움을 즐길 수 있도록 하면서 한국어를 살찌울 수도 있다.

이정순, 「자국화와 이국화 번역의
경계를 찾아서」, 『통번역교육연구』
10권 2호(한국통번역교육학회,
2012.6)

번역에서 중요한 재현 대상인 이국성은 독자의 취향을 탄다. 만약 독자가 수용할 만한 것이거나 나아가 즐기는 것이라면 굳이 자국화할 필요 없이 날것 그대로 노출해도 된다. 요즘 일본 번역 소설을 보면 그런 예가 많다. 감탄사만큼 한 민족의 개성을 뚜렷이 보여 주는 것은 없을 텐데, 인물 간의 대화에 일본어 감탄사 '에'가 거침없이 난무한다. '에'와 마찬가지로 놀랐을 때 쓰는 중국어 감탄사 '아이야'는 어김없이 '아'나 '어'로 번역되는데 말이다. 그 이유는 명확하다. 한국의 일본 소설 독자는 '에'의 이국성을 수용하고 심지어 즐기기까지 할 태세가 돼 있는 반면, 중국 소설 독자는 '아이야'의 이국성에 대해 아직 그렇지 못하기 때문이다. 한국에 현대 중국 소설이 소개된 지 30여 년밖에 되지 않았고 그 수도 많지 않으니 어쩔 수 없다.

사실 독자가 번역서를 찾아 읽는 것은 우리와 다른 문화와 견해에서 신선한 충격과 새로운 정보를 얻기 위해서다. 그렇다면 번역가는 이국성을 온전히 재현하는 데 힘쓰는 게 옳겠지만 유감스럽게도 번역서 독자의 취향은 그렇게 단순하지 않다. 특수한 역사와 민족 감정이 버무려 낸 그 동태적 취향을 시점마다 다르게, 꼼꼼히 따져 가며 번역어를 골라야 한다. 예컨대 '鄧小平'은 1990년대까지 '등소평'이라고 번역했지만 2000년대 이후로는 '덩샤오핑'으로 번역한다. 하지만 '孔子'는 지난 이천 년간 그랬듯이 향후 수천 년도 역시 '공자'라고 번역할 것이다. 어느 역자가 혹시 '쿵쯔'라고 번역한다면? 그건 책을 별로 안 팔고 싶다는 의사 표시다.

전종서(첸중수)錢鍾書는 번역의 충실성에 관하여 말하길, "번역문은 번역문처럼 읽히지 않을 정도로 원문에 충실해야 한다. 왜냐하면 원문은 절대 번역한 것처럼 읽히지 않기 때문이다"라고 했다.

왕병흠, 『중국 번역사상사』
(강경이 외 옮김,
이화여자대학교출판문화원, 2011)

중국의 석학 첸중수 선생은 화경化境, 즉 최고의 경지에 이른 번역문은 원작의 색채를 그대로 보존하면서도 언어적으로 전혀 어색하지 않은 것이라고 했다. 한마디로 이국성과 자국성 둘 다 완벽히 구현해야 한다는 것인데, 과연 현실적으로 그게 가능할까? 나아가 그는 원작보다 번역서가 더 뛰어날 수 있다고도 했다. "번역자가 자국의 언어를 구사하는 능력이 원저자가 원어를 다루는 능력보다 뛰어날 수도 있"으므로. 이것은 확실히 가능하다. 번역되는 원서가 다 양서는 아니므로 능숙한 번역가의 윤문과 편집을 통해 번역서의 완성도가 더 높아질 수도 있다. 하지만 이는 극히 드문 일이다. 오죽하면 출판사 대표들이 입버릇처럼 "원판 불변의 법칙이란 게 있어요"라고 말할까.

이국성, 즉 외국어와 외국 문화의 특수성을 보존하려 애쓰다 보면 자국성 즉 모국어와 모국 문화의 친숙성이 저해된다. 반대로 자국성을 지키려고 너무 애쓰면 이국성이 희미해져 번역의 의의를 잃고 만다. 이국성은 특히 외국 소설 출판을 고려할 때 매우 중요하다. 외국 소설 독자는 무엇보다 새롭고 다른 이국성을 체험하기를 바라기 때문이다.

10여 년 전 나는 중국 소설을 기획하면서 그전까지 국내에 소개된 중국 소설의 틀을 깨뜨리고자 했다. 문화대혁명, 항일전쟁, 국공내전 등 현대사를 배경으로 한 지식인 서사가 그간에 워낙 많았다. 이제 좀 더 도시적이고 세련된 작품을 들여오고 싶었다. 그런데 야심만만하게 기획한 새 작품을 소개했을 때 출판사들의 반응이 영 신통치 않았다. 그들은 "좋기는 해요. 그런데 중국 소설 같지 않아서……"라고 말꼬리를 흐렸다. 나는 서서히 깨달았다. 국내 독자들이 이미 중국 소설의 이국성을 전유했음을. 이처럼 이국성이 고착화돼 새로운 이국성의 도입을 방해하기도 한다.

본문은 　생동감 　있게 　펼쳐지는 　문화적 맥락 　속에서 　끊임없이 　성장하고 변화하는 　흐름이다. 　맥락을 　고려하지 않으면 　본문은 　이해되지 　않는다.

김인환, 「번역과 맥락
— 서양문학교육에 대하여」, 『배달말』
13호(배달말학회, 1988.12)

원서를 읽다 보면 모르는 단어가 수시로 튀어나온다. 20년 전에도 그랬고 지금도 그렇다. 내가 원어 환경에 살거나 원어를 못 견디게 좋아해 밤낮으로 원서를 끼고 산다면 혹 모르겠지만 전혀 그렇지 않으므로 앞으로도 개선될 여지가 없다. 그럴 때는 별수 없이 사전 앱을 연다. 귀찮아서 대충 넘어갈 때도 있지만 번역 중이라면 예외가 없다. 외국어 사전에서 그 단어의 여러 가지 한국어 대응어를 찾아 마음속에서 헤아려 본다. 무엇이 적합하고 무엇이 더 어울리는지. 그렇게 어느 하나를 확정하면 끝일까. 천만에. 번역어는 최종적으로 내 문장 안에서만 탄생한다. 만약 원서가 소설이라면 화자의 어조, 인물 간 관계, 시공간적 배경 등을 고려해 강력한 맥락을 머릿속에 구축한 상태에서만 알맞은 번역어가 산출돼 문장 안에 덜커덕 자리를 잡는다. 그래서 내가 항상 입버릇처럼 하는 말이 있다. "가장 좋은 사전은 맥락이다."

번역이란 서로 상이한 두 개의 언어 체계가 접촉하고 타협하는 과정이며, 이러한 타협의 과정을 통해 만들어진 결과물이 곧 번역이다.

김순영, 「영한 번역에 나타난
번역투 문장」, 『새국어생활』 22권
1호(국립국어원, 2012.1)

중국의 번역학자 샤오웨이칭은 번역을 이루는 요소를 여덟 가지로 정리한 바 있다. 바로 원작을 낳은 사회, 원작, 작가, 원작의 독자 그리고 역서를 낳은 사회, 역서, 역자, 역서의 독자다. 어떤 번역서든 치밀하게 파고들면 이 여덟 가지가 남긴 흔적을 찾아낼 수 있다. 그중 앞의 네 가지는 원천 텍스트·문화의 장field에, 뒤의 네 가지는 목표 텍스트·문화의 장에 속한다고 볼 수 있는데, 전체 요소 중 실제 번역의 주체는 오직 역자뿐이다. 역자는 자기 자신을 비롯한 여덟 가지 요소가 동시다발적으로 번역에 가해 오는 규범적 제한을 두루 체감하면서도 매 순간 그것과 타협하며 한 걸음씩 나아간다. 그는 예민하고 눈치 빠른 조정자다.

두 가지 언어와 두 가지 문화의
충돌은 도착어 독자들에게서 직접
발생하지 않고 번역 주체에게서 발생한다.

위안샤오이·쩌우둥라이袁筱一·鄒東來,
『문학번역의 기본 문제』文學翻譯基本問題
(上海人民出版社, 2011)

묘하게도 나는 번역이 괴롭다. 기쁨과 자부심이 없지는 않지만 기쁨은 늘 순간적이며 자부심도 괴로움을 잊게 할 만큼 크지는 않다. 괴로움은 당연히 몰입을 방해한다. 노트북을 켜고 번역 파일을 열면 한 시간도 채 못 견딘다. 30분마다 일어나 괴로움이 사그라질 때까지 주변을 어슬렁거리곤 한다. 아니면 페이스북 삼매경에 빠지든가. 그 덕분에 번역가의 직업병인 허리 디스크와 목 디스크, 손목터널증후군 같은 것은 일절 없다.

나는 왜 이렇게 번역이 힘든 걸까. 간단히 말하면 앞의 인용문에서 언급됐듯이 번역하는 나의 내면에서 계속 "두 가지 언어와 두 가지 문화의 충돌"이 일어나기 때문이다. 나는 독자를 보호하기 위해 미리 원문과 번역문 사이에서 충돌 에너지를 흡수하고 있는 셈이다. 그렇다면 한 걸음 더 나아가 그 충돌이란 구체적으로 어떤 메커니즘 속에서 일어나는 걸까.

문득 '이중의 맥락화'라는 단어가 떠올랐다. 작업에 돌입하면 번역가는 우선 출발어 원문을 읽으면서 배열된 언어·문화적 요소의 연결고리를 확인하며 규칙에 따라 맥락화를 수행한다. 동시에 출발어의 언어·문화적 요소에 기능적으로 대응하는 도착어의 언어·문화적 요소를 떠올려 전혀 다른 규칙에 따라 역시 맥락화를 수행한다. 이것이 바로 번역을 가능케 하는 동시에 번역가를 괴롭히는 이중의 맥락화다.

번역은 원전의 출발어를 모국어인 도착어로 바꿔 단순하게 재현하는 것이 아니라 "이쪽 언어와 저쪽 언어의, 이쪽 문화와 저쪽 문화의 차이로부터, 원저자와 번역자라는 서로 다른 글쓰기의 주체의 차이로부터 생겨나는 차이의 글쓰기"이고 "시공간의 다름을, 언어와 문화의 다름을 타고 넘나들며 자신의 글을 한 올 한 올 짜나가는"(레몽 크노) 일이다.

장석주, 「번역은 또 다른 글쓰기다」,
『월간중앙』(2014.3)

다른 번역도 다소 그렇긴 하지만 특히 문학 번역은 근본적으로 불가능한 일이 아닌가 싶다.

1960년대 문화대혁명 시절 정치투쟁의 광풍에 휩쓸려 산간 오지로 하방된 어느 지식인의 일대기를 번역한다고 해 보자. 이런 소재의 소설은 중국에 쌔고 쌨다. 왜냐하면 당시 그렇게 하방되어 천신만고를 겪은 이들이 너무나 많기 때문이다. 그들의 술회나 수기도 넘쳐 나서 그중 몇 가지만 골라 얼기설기 엮어도 구구절절한 이야기가 되고 또 그런 이야기에서 자기나 부모나 친구의 체험을 떠올리는 독자도 넘쳐 나서 그리 어렵지 않게 출판이 된다.

그런데 그런 소설이 한국으로 건너오면 상황이 달라진다. 언어도 문화도 역사도 우리에게 너무 낯설기 때문이다. 책으로만 중국 현대사를 공부한 번역가는 소설 속 인물과 사건과 문화를 파악하고 그 상호 관계를 맥락화하느라 진이 빠진다. 힘들여 번역을 마쳐도 과연 자기가 제대로 이해하고 번역했는지, 이해했더라도 표현은 제대로 됐는지 의구심에 시달린다. 어느 정도 중국을 잘 아는 번역가가 이럴진대 일반 독자는 얼마나 당황스럽겠는가. 대부분 몇 페이지 들춰 보다가 책장을 덮어 버리곤 한다.

그럼에도 내가 문학 번역을 선호하고 쉽게 포기하지 않는 까닭은 무엇일까. 오히려 불가능한 일이어서, 한 발자국 한 발자국이 다 위험천만하고 짜릿한 작업이어서가 아닐까.

번역가는 시적 표현을 이루는 동시적이고 분리할 수 없는 구성 성분을 다른 언어로 재창조하되, 원형을 알아볼 수 없을 정도로 손상시켜서는 안 됩니다.

이디스 그로스먼, 『번역 예찬』
(공진호 옮김, 현암사, 2014)

미국의 스페인어 번역가 이디스 그로스먼은 시가 소리와 의미와 형식이 융합된 장르이긴 하지만 번역가는 불가피하게 시의 언어, 즉 시의 구문과 어휘와 구조를 과감하게 변경하지 않을 수 없다고 말한다. 그래서 "시는 번역 중에 사라진다"고. 시인이 소리와 의미와 형식을 동시에 고려하여 써 내려간 시에서 번역가는 오직 의미만, 즉 주제와 표현과 감정과 형상만 떼어 내 번역해야 한다.

번역가는 시인에게서 바통을 넘겨받아 그 시의 '다음 생'을 창조한다. 추출한 의미를 바탕으로 그에 어울리는 우리말의 소리와 형식을 떠올려 한 줄 한 줄 시를 써 나간다. 형식이라는 이름의 수갑과 족쇄를 차고 춤을 춰야 하는 모든 예술가처럼 그도 원시原詩의 굴레를 쓴 채 아슬아슬하면서도 행복한 모험을 한다. 번역가로서 평생 한 권이라도 번역시집을 낼 수 있다면 대단한 행운이다.

독자의 　　　　탄생은 　　　　저자의
죽음이라는 　　대가를 　　치러야 　　한다.

롤랑 바르트, 「저자의 죽음」,
『텍스트의 즐거움』
(김희영 옮김, 동문선, 1997)

독자의 탄생과 마찬가지로 번역가의 탄생도 저자의 죽음을 대가로 치른다. 설령 번역가가 저자를 신성시하여 충실한 번역으로 저자의 의도를 한 치의 오차 없이 재현하려 해도 그것은 늘 허망한 꿈에 그친다. 언어는 각기 다른 범주의 어휘 체계와 역시나 각기 다른 리듬의 통사구조를 갖고 있어서 번역되는 즉시 본래 의미와 분위기는 훼손되고 동시에 낯선 것들로 보충된다.

4년 전 쑤퉁의 장편소설 『나 제왕의 생애』를 번역해 달라는 의뢰를 받았다. 많은 책을 번역한 내게도 새로운 경험이라 가슴이 두근거렸다. 『나 제왕의 생애』는 이미 2007년에 솜씨 좋은 M 선생이 번역해 독자에게 후한 평가를 받은 적이 있었다. 그 후 출판사가 저작권 계약을 연장하지 않아서 다른 출판사가 새로 계약해 번역도 새로 하기로 결정한 것이다.

다행히도 나는 원문은 읽었지만 M 선생의 초역본은 읽은 적이 없었다. 번역학에서는 이럴 때 초역본의 장단점을 검토해 개역改譯하기를 권한다. 하지만 나는 눈곱만치도 그러고 싶은 생각이 없었다. "모든 번역에서는 항상 새로운 읽기가 가능"한데 왜 꼭 이전 번역을 참고해야 하는가. 더구나 M 선생은 문체가 유장하고 나는 간결한 데다 둘이 각기 애용하는 어휘 계열도 판이하다. 나는 두 달간 번역하면서 단 한 번도 초역본을 들춰 보지 않았다. 나만의 『나 제왕의 생애』를 만들어 내고 싶었다.

2018년 12월 『나 제왕의 생애』 재역본이 나온 뒤 지금까지도 나는 그것을 초역본과 비교해 읽어 보지 않았다. 왠지 두려워서였고, 내가 아니라 독자나 연구자가 어떤 지면을 통해서든 공개적으로 비교해 주기를 바랐다. 하지만 그 바람은 끝내 이뤄지지 않았다. 중국 소설은 이렇게나 인기가 없다.

차스 윤 이화여대 교수는 "톤과 목소리에서 『채식주의자』 영역본은 원본과 다른 작품이 되었다"면서 "담백한 현대식 문체의 '레이먼드 카버'를 공들인 언어로 꾸민 '찰스 디킨스'로 만든 셈"이라고 밝혔다.

「끝나지 않은 데보라 스미스
'오역' 논쟁… 쟁점은?」,
『뉴스1』(2018.1.16.)

며칠 전 평생 기억에 남을 이야기를 들었다. 번역 강연을 마치고 질의응답을 하는데 한 수강생이 내게 이런 말을 건넸다.

"작년에 내신 루쉰 시집을 읽었어요. 원작보다 더 알기 쉽고 아름다웠어요!"

번역가에게 이보다 더한 찬사가 있을까. 원작보다 번역이 더 훌륭하다니. 루쉰 시선집 『죽은 불』은 내 하나뿐인 번역시집으로 석사 때 루쉰 시를 전공한 것을 계기로 무려 20여 년을 벼르다 실현한 프로젝트다. 하지만 장르가 시인 데다 한술 더 떠 중국 시여서 반향이 거의 없던 차에 이렇게 좋은 피드백을 들었으니 반갑지 않을 리가 없었다. 그런데 한편으로 불안하기도 했다. 번역이 원작보다 더 알기 쉽고 아름다워도 되는 걸까. 혹시 내가 나도 모르게 원작에 없는 표현을 덧붙인 것은 아닐까.

1990년대 중반의 일이다. 천안문 사태로 망명한 중국 시인 베이다오의 시집 두 권이 국내에서 연이어 출간되었는데, 작품이 많이 겹쳐서 두 역자의 스타일을 비교할 기회가 되었다. 한 권은 교수가 번역했고 문장이 직역 위주라 무척 딱딱했다. 반면에 다른 한 권은 시인이 번역해서인지 다소 관념적인 원작과 달리 수사가 아주 종횡무진이었다. 내 마음속 평가는 어땠을까. 둘 다 문제가 있다고 생각했지만 남겨 두고 되풀이해 읽은 것은 전자였다. 중한 대역본이어서 더 유익했다.

원작보다 나은 번역이라는 말이 만약 역자가 자유롭게 독창성을 발휘한 번역을 뜻한다면 나는 동의할 수 없다. 하지만 원문 행간의 함의를 남김없이 가져오는 동시에 번역어 문체 고유의 힘까지 발휘한 것이라면 물론 동의하지 않을 이유가 없다. 번역가도 작가만큼 자유롭다. 하지만 작가의 자유가 장르 문법 안에서 존재하듯 번역가의 자유도 원문 표현 안에서 존재한다.

번역문에서 출발어(외국어)의 구조가 그대로 드러나는 것은 미숙함, 게다가 도착어(모국어)의 언어능력이 부족한 것으로 인식된다.

미카엘 우스티노프, 『번역』
(조준형 옮김, 고려대학교출판문화원,
2020)

번역을 가르칠 때 나는 중국어 문법은 거의 설명하지 않는다. 오로지 수강생이 과제로 제출한 한국어 번역문에 집중하면서 강조하고 또 강조한다. "중국어의 간섭에서 벗어나세요. 중국어와 멀리 떨어져야 번역을 잘할 수 있습니다!"

　　외국어 원문에 기반하는 번역을 가르치면서 오히려 외국어를 멀리하라고 하다니. 아이러니하지만 이게 현실이다. 번역가 지망생 중 대다수는 외국어를 너무나 사랑하는 나머지(?) 번역문 곳곳에 외국어의 흔적을 남긴다. 객관화가 안 되는 것이다. 해당 외국어를 전혀 모르는 우리 독자의 입장에서 사유하지 못한다.

　　"타이완에서 그는 사회적으로 만연한 공포와 국민당 정권의 끝날 줄 모르는 '반공대륙'反攻大陸의 선전 속에서 소년기를 맞았다"라는 번역문을 봤을 때는 '반공대륙'이 뭔지 누가 알겠느냐며 '대륙 수복'으로 고치라고 했다. 한국전쟁의 중국식 명칭인 '항미원조전쟁' 즉 미국에 저항하고 북한을 돕는 전쟁이라는 뜻의 이 말을 그대로 쓴 수강생에게는 똑똑히 충고했다. 만약 번역서에 이 말이 들어가면 출판사에 독자의 항의 전화가 빗발칠 것이라고.

에리히   프룬치는,   "실제   번역   작업은
실용적이다.   번역가는   여러   해결책   중
최소한의   노력으로   최대한의   효과를
보장하는   하나를   선택한다.   즉   번역가는
직관적으로   소위   미니맥스   전략minimax
principle을   선택한다"라고   했다.

메리 슈넬-혼비, 『번역학
발전사』(허지운 외 옮김,
이화여자대학교출판문화원, 2010)

모든 외국어 표현은 다양한 모국어 표현으로 번역될 잠재성이 있다. 실제로 단어마다, 구마다, 절마다 여러 선택 메뉴가 제공되고 번역가는 그중 하나를 마음 가는 대로 고르면 된다.

이렇게 말해 놓고 보니 번역 작업이 꼭 누워서 떡 먹기인 것처럼 보여 기가 막힌다. 하지만 절대 그렇지 않다는 것을 이해하기 위해 '마음 가는 대로'라는 말을 다시 살펴봐 주기를 바란다. 마음 가는 대로? 그 마음은 어디로 가는가? 절대 아무 데로나 가지 않는다. 최소의 노력과 위험 부담으로 최대의 효과를 거두는 쪽으로, 즉 "미니맥스 전략"이 가리키는 방향으로 가며 이것은 결코 쉬운 일이 아니다.

번역가가 경험이 부족하면 과욕을 부려 최대의 노력과 위험 부담으로 최대의 효과를 노리는 일도 있다. 그 직접적인 결과 중 하나는? 바로 텍스트의 양이 무의미하게 늘어나는 것이다. 원문의 단어 하나하나를 끝까지 쫓으며 의미를 다 살려 내고 나아가 보충 설명까지 하다 보니 문장이 한없이 늘어지고 지루해진다. 이런 번역을 축어역逐語譯이라 한다. 그러나 경륜 있는 번역가라면, 또 그런 번역가가 문학작품을 번역한다면 낱낱의 단어에 집착하지 않고 대의를 살려 간결하고 품위 있게 의역意譯을 한다. 이것이 바로 내가 생각하는 미니맥스 전략에 기반한 번역이다.

제대로 된 번역의 '최저한도'의 기준은 첫째, 지식의 객관성 준수(번역문의 내용이 일반 상식에 맞는가), 둘째, 이해의 합리성과 해석의 보편성(역자가 원문을 합리적·보편적 시각으로 잘 이해하고 해석했는가), 셋째, 원문 텍스트의 방향성에 대한 부합(원문의 핵심 주제와 스타일에서 벗어나지 않고 문맥에 맞게 번역했는가), 이 세 가지다.

샤오웨이칭肖維青,
『번역비평 모델 연구』翻譯批評模式研究
(上海外語教育出版社, 2010)

번역문의 내용이 일반 상식에서 벗어나지 않고 번역가가 원문을 합리적·보편적으로 해석해 텍스트 전체의 주제와 스타일을 일관되게 유지했다면 확실히 번역이 갖춰야 할 최저한도의 조건을 충족했다고 할 수 있다. 이 정도면 독자가 읽는 중에 소스라치게 놀라거나 불쾌해져 책장을 덮는 일은 없을 것이기 때문이다. 하지만 이것이 최저한도의 조건이라고 해서 최저한도의 노력으로 충족할 수 있다고 생각하면 큰 오산이다.

일반 상식에 어긋나는 실수를 저지를 위험은 그나마 덜하다. 소설 번역을 예로 들면 사건의 시공간적 배경을 착각하거나 한 문단을 빠뜨리는 등의 결정적 실수는 퇴고 과정에서 거의 걸러진다. 그런 실수는 원문과 대조할 필요도 없이 번역문만 쓱 훑어도 쉽게 발견된다. 그러나 주제와 스타일을 일관되게 유지하려면 집중이, 길고도 세심한 집중이 필요하다. 소설 속 등장인물의 다양한 성격과 복잡한 상호 관계가 사건의 추이에 따라 각기 변화해 가는 양상을 자연스레 그려 내고 작가의 개성적인 어조를 총체적으로 파악해 변함없이 하지만 역동적으로 구현해야 하기 때문이다. 더욱이 그런 집중 상태를 몇 달에 걸친 번역 기간 내내 유지해야 한다. 이처럼 번역의 최저한도 조건을 맞추는 데만 최대한도의 노력이 소요된다.

그렇다면 번역의 '최대한도' 조건은 무엇일까. 아마도 번역가의 능동적 창조력과 관계되지 않을까 싶지만 나로서는 그저 상상만 할 수 있을 뿐이다. 출발어(외국어)에서는 문제없이 구현되었지만 언어적·문화적 차이로 도착어(모국어)에서는 도저히 재현하기 힘든 소리와 의미와 구문의 난제와 싸워 이겨 내는 것. 확실히 상상은 할 수 있지만 동시에 상상도 하기 싫다.

고대의 발견을 통해 인간 중심적 세계관을
형성했던 르네상스 인문주의자들은 무엇보다도
고대 작품의 번역가였다. 하지만 그들은
고대의 낯선 문화의 '본질'을 포착해
'자국의 것으로 만드는 것'을 강조했다.

손주경, 「르네상스 번역과 인문주의
정신」, 『불어불문학연구』 82권 0호
(한국불어불문학회, 2010.6)

일본의 번역사 연구자 쓰지 유미는 중세 프랑스에서 그리스어 원전의 라틴어역을 다시 프랑스어로 옮길 때 번안과 창작 사이에 오늘날과 같은 차이를 두지는 않았다고 말했다. 서양의 르네상스 시대와 중국의 당나라 시대에도 그리스 고전과 인도 불경 같은 옛 지식을 번역으로 되살리는 게 창작보다 훨씬 더 창조적이고 가치 있는 일로 여겨졌다. 사실 인류사의 태반은 새로움을 지향하는 직선적 발전론보다 순환적 의고주의에 지배되었다. 일개인의 무상하고 찰나적인 단상이 어떻게 세월의 단련을 거쳐 전해져 온 고대의 지혜에 미치겠는가. 그 지혜는 번역해도 빛이 가려지지 않는다.

"작가는 진공 속에서 글을 쓰지 않는다. 그는 특정 문화의 산물이다. 특정 시대에 속하여 글에 종족, 성별, 연령, 계급, 출생지 등의 요소가 반영되고 개인적 문체와 습관의 특징도 나타난다. 이 밖에 텍스트 제작, 판매, 마케팅, 독서의 물질적 조건도 중요한 작용을 한다." —수전 배스넷

셰톈전謝天振 편,
『현대 외국 번역이론』當代外國飜譯理論
(南開大學出版社, 2008)

번역가는 번역가이기 이전에 기획자다. 번역하는 소설 중 일부는 자신이 직접 발굴한다. 문학사를 읽다가 흥미로운 작가를 발견해 그의 대표작을 찾아 낙점하기도 하고, 외국 출판사가 추천한 소설을 훑다가 그중 한 권에 마음을 뺏기기도 한다. 그러면서 번역가는 번역을 시작하기도 전에 작가와 낯을 익히고 번역을 마친 뒤에는 역자 후기를 쓰기 위해 현지 인터뷰와 논문을 뒤져 가며 '작가 연구'를 한다. 나 같은 경우는 비주류 중국 문학을 번역하는 덕분에 이 단계가 되면 어느새 그 작가에 대한 국내 최고 권위자가 되어 있다. 그가 어떤 시대 어떤 문화의 영향으로 "개인적 문체와 습관"을 형성했고 그의 책이 어떤 "제작, 판매, 마케팅, 독서의 물질적 조건"을 기반으로 현지에서 명성을 얻었는지 속속들이 알게 된다. 이제 나는 한국에서 그 작가의 비밀을 이해하는 유일한 사람인 것이다!

번역을 통해 중국어를 배워 말은 어버버하지만 그래도 용기 내어 '내 작가들'을 만나러 다니곤 했다. 베이징에서는 주원을 만나 커피를 마셨고 난징에서는 한둥을 만나 잉어찜을 얻어먹었다. 또 광저우에서는 왕웨이렌과 함께 주강 유람선을 탔으며 인천에서는 루네이를 만나 갓 출간된 그의 한국어판 소설을 건넸다. 텍스트로만 알던 작가를 실물로 조우하는 기분은 꽤 그럴싸하다. 더구나 그들은 나를 까맣게 모르지만 나는 그들을 속속들이 알고 있다. 고향이 어디이고 어떤 학창 시절을 보냈으며 누구와 사랑을 하고 어떤 고민을 하는지까지. 그래서 그들과 대화하는 게 더 흥미진진하다. 어떻게 보면 이것이, 번역이 내게 가져다주는 가장 큰 선물인 듯하다.

누구보다   먼저   좋은   책을   읽고   나만의
언어로   풀어내   독자들에게   소개하는
기쁨을   음미하고자   하는   사람에게
번역가는   좋은   직업이다.   보수와   직업의
안정성을   떠나   좋아하는   일로   하루의
대부분을   보낼   수   있다는   것   역시
인생이   선사하는   행운   중   하나다.

박산호, 「검토서부터 써보라」,
노승영·박산호, 『번역가 모모씨의
일일』(세종서적, 2018)

박산호 번역가의 감동적인 말을 조금 삐딱하게 보려 한다. 번역가는 확실히 좋은 직업이다. 특정한 누군가에게는, "누구보다 먼저 좋은 책을 읽고 나만의 언어로 풀어내 독자들에게 소개하는 기쁨을 음미하고자 하는 사람에게"는 말이다. 사실 번역가의 일은 얼마나 값진가. 그의 눈에 띄고 그의 번역을 거치지 않으면 여러 훌륭한 외국 저자가 우리 독자를 만날 기회를 얻지 못한다. 이 점에 보람을 느끼면서 평생토록 기꺼이 산더미 같은 원서 사이를 헤맬 수 있는 사람, 소수의 그 시대착오적인 사람에게만 번역가는 좋은 직업이다.

번역가는 또 "인생이 선사하는 행운 중 하나"를 누리기도 한다. 그것은 "좋아하는 일로 하루의 대부분을 보낼 수 있다는 것"이다. 좋아하는 일도 직업이 되면 좋아할 수 없다고들 하지만 번역은 그런 면이 덜하다. 아무래도 프리랜서여서 조직 내 스트레스가 없고 시간을 늘 여유롭고 신축성 있게 사용할 수 있기 때문이다. 그런데 박산호 번역가는 묘하게 "보수와 직업의 안정성을 떠나"라는 말을 앞에 달았다. 즉 보수와 직업의 안정성을 따진다면 번역가가 누리는 그런 행운을 달리 볼 수도 있다는 뜻이다. 그렇다. 보수와 직업이 불안정한 탓에 배를 곯아 가며 "좋아하는 일로 하루의 대부분을 보"내야 한다면 대다수 사람에게 그것은 행운이 아니라 불행일 것이다.

박산호 번역가나 나나 불행을 행운으로 삼아 용케도 지금까지 살아왔다.

자신의 노동이 제대로 인정받지 못한다는
생각, 자신이 버젓한 직업인이 못 된다는
생각은 번역가의 으뜸가는 슬럼프 원인일 뿐
아니라 번역가라는 꿈을 품은 수많은 이들이
중도에 하차하는 첫 번째 이유일 것이다.

「"오백 원의 의미"─번역가 노승영」,
『채널예스』(2021.6.25.)

노승영 번역가가 말하는 슬럼프를 나는 겪어 본 적이 없다. 아마도 처음 번역가가 될 때부터 "자신의 노동이 제대로 인정받"거나 "자신이 버젓한 직업인이 될" 것이라는 기대를 거의 안 했기 때문이 아닐까 싶다. 하지만 그렇다고 슬럼프가 아예 없는 것은 아니다. 평소 꼼꼼히 건강과 스케줄을 관리하긴 해도 번역을 한 권 마치고 휴식 없이 다음 번역에 들어가 원문을 펼치면 뇌가 안 돌아가는 느낌이 든다. 아니, 뇌가 견디다 못해 파업을 하는 것일 수도 있다. 내게는 이게 바로 슬럼프다.

슬럼프가 왔을 때 박산호 번역가가 쓴다고 했던 두 가지 방법이 떠오른다. 첫째는 무작정 며칠 노는 것. 그러면 죄책감과 마감에 대한 공포가 밀려와 슬럼프가 저절로 사라진다고 한다. 그리고 둘째는 사고 싶던 물건을 질러 빚을 지는 것! 확실히 누군가에게 빚은 빛의 속도로 슬럼프를 날아가게 해 준다고. 빚이 없었다면 과연 발자크가 『인간 희극』을, 도스토옙스키가 『카라마조프가의 형제들』을 쓸 수 있었을까.

하지만 나는 박 번역가의 방법을 쓸 수 없었다. 역할이 번역, 강의, 가사에 걸쳐 있어 며칠씩 노는 것은 언감생심이고 빚은 늘 함께하는 친구라 좀 더 지더라도 감흥이 없었다. 그래서 슬럼프가 와도 그냥 노트북 앞에 앉아 한량없이 시간을 보냈다. 온갖 잡글을 쓰고 페이스북 친구들과 온갖 잡담을 나눴다. 그렇게 사나흘 지내다 보면 어느새 슬럼프는 온데간데없어져 다시 일에 착수할 수 있었다.

앞 문단을 나는 과거시제로 서술했다. 얼마 전 딸아이가 독립했으니 이제 다른 방식으로 슬럼프에 대응하겠다. 먼저 아내에게 양해를 구하고(중요하다!) 아름다운 바닷가의 근사한 호텔에 가서 테라스 테이블에 노트북을 편 채 슬렁슬렁 번역을 즐길 것이다. 꼭 그럴 것이다, 꼭!

번역의   효과들   중   가장   중요한   것은
문화적   정체성의   형성이다.   번역은
외국   문화를   재현하고   그것을
구축하는   데에   엄청난   힘을   행사한다.

로렌스 베누티, 『번역의 윤리』
(임호경 옮김, 열린책들, 2006)

나는 외국어대학을 나왔다. 학교에 영어, 독어, 불어, 이탈리아어 같은 서양어부터 중국어, 일본어, 아랍어, 베트남어 같은 동양어까지 온갖 외국어과가 다 있었다. 그런데 각 과 학생들은 거의 토종 한국인인데도 불구하고 이상하게 해당 언어 본국의 문화적 정체성에 따라 이미지가 결정되곤 했다. 예를 들면 이런 식이었다.

"어학실습실에서 중국어과 애들 너무 시끄럽지 않아?"

"걔들 원래 시끄럽잖아. 분위기도 칙칙하고."

본의 아니게 시끄럽고 칙칙한 중국인의 아류가 된 나는 항상 과 탈출을 꿈꿨다. 연애도 과 커플은 생각지도 않았다. 교양 있어 보이는 불어과 여학생을 가장 선망했다(성공했다!). 또 우리 과 어느 교수는 수업 시간에 이런 당부를 하기도 했다.

"너희는 '중국'이라고 발음해야지 '쭝국'이라고 발음하면 안 된다. 너희 이미지는 스스로 지켜야 해!"

나는 도대체 왜 이런 현상이 빚어졌는지 오래 고민했다. 그리고 답은 볼만한 번역서의 규모 차이에 있는 게 아닐까 싶었다. 어린 시절부터 우리 눈에 띄는 '세계 고전'은 서양 책이 압도적으로 많다. 중국 책은 초라할 만큼 적고 다른 제3세계 책도 거의 없다. 그래서 고작 「광인일기」 한 편 읽고 중국어과에 들어간 나는 괴테와 카프카와 카뮈와 프루스트를 읽었을 독어과 불어과 학생 앞에만 서면 주눅이 들곤 했다. 물론 그들이 다 그렇지는 않다는 것을 깨닫기까지 오랜 시간이 걸리지는 않았지만.

같은 이유로 서양어 번역계에는 똑똑하고 글발 좋은 역자가 언제나 넘치는 느낌이다. 반대로 중국어 번역계는 인재 부족이다. 문학 번역을 믿고 맡길 만한 역자가 그리 많지 않다.

이처럼 한 나라 문화계에 구축된 세계 고전의 구조는 그 나라 사람들의 머릿속에 (옳든 그르든) 세계 각국의 특정한 문화적 정체성을 각인한다.

로렌스 베누티는 번역 텍스트에 대해 "그것은 기존 문화와는 다른 새로운 문화가 생겨나 발전하는 장소여야 하고 독자들에게 문화 간의 차이와 타자의 존재를 인식시켜야 하는 공간이다"라고 말했다.

가오원, 『베누티의 '이국화' 전략을 통한 낯선 세계와의 조우』 (단국대학교 일반대학원 중국어통번역학과 박사논문, 2021.12)

여러 해 전 한일 동시 출간 프로젝트로 '내 인생의 책'을 주제로 한 한일 저자들의 에세이를 모은 적이 있다. 나도 의뢰를 받았고 내 인생의 책으로 서슴없이 『김수영 전집』을 꼽았다. 하지만 그 프로젝트의 주제가 만약 '내 어린 시절의 책'이었다면 선택은 달라졌을 것이다. 초등학생과 중학생 때 장대한 서사와 남녀 주인공의 비극적 운명 그리고 뜨거운 의협심으로 나를 매료시킨 책은 바로 『후後대망』과 『영웅문』이었다.

『대망』과 『후대망』 시리즈 20여 권이 1980년대 초 왜 우리 집에 있었을까. 그 당시 염가 전집의 붐으로 도시 중산층 가정의 응접실마다 그 전집이 꽂혀 있곤 했다. 그런데 정작 우리 아버지는 손도 안 대고 대신 초등학교 고학년이었던 내가 『대망』을 만지작대다 『후대망』에 완전히 꽂혀 중학교 1학년 때까지 서너 번을 되풀이해 읽었다. 『대망』은 본래 야마오카 소하치의 『도쿠가와 이에야스』이지만 『후대망』의 원작은 시바 료타로의 『언덕 위의 구름』이다. 해적판의 전성기에 출판사가 두 가지 일본 대하소설을 멋대로 붙여 하나의 전집으로 만든 것이다.

그 이듬해부터는 『영웅문』 시리즈가 내 온 정신을 휘어잡았다. 홍콩 소설가 진융의 『사조영웅전』 『신조협려』 『의천도룡기』를 1, 2, 3부로 삼아 묶은 『영웅문』 전 18권은 한 달에 딱 한 권씩 출간되었다. 뒤가 궁금해 애가 달았던 나는 걸핏하면 서점에 들러 언제 다음 권이 나오느냐고 캐묻곤 했다.

돌아보면 『후대망』과 『영웅문』은 청소년기 내 문화적 정체성 형성에 절대적인 영향을 미쳤다. 그것이 타 문화에서 비롯되었다는 사실도 까맣게 잊은 채 "기존 문화와는 다른 새로운 문화가 생겨나 발전하는 장소"에 10년 가까이 머물렀으니 그럴 만도 했다.

내가 한 근대 작품 번역들 중에서 나는 『설국』이 가장 마음에 든다. 제일 잘되었다고 생각해서가 아니라, 일을 하는 동안 제일 재미있었기 때문이다. 번역은 수월하게 진행될 때에는 따분하기 짝이 없는 일이다.

에드워드 사이덴스티커, 『나는 어떻게 번역가가 되었는가?』(권영주 옮김, 씨앗을 뿌리는 사람, 2004)

에드워드 사이덴스티커는 미국의 일본어 번역가로 1950년대 미군정 시대에 외교관으로 일본에 넘어가서 곧 퇴직한 뒤 도쿄대 대학원을 거쳐 평론가, 번역가로 변신했다. 파란 눈의 외국인이 유창하게 일본어를 구사하며 학계와 문단을 누볐으니 저명한 일본 작가들과 친분이 안 생겼을 리 없다. 그는 나가이 가후, 다니자키 준이치로, 미시마 유키오, 가와바타 야스나리와 친분을 쌓고 그들의 '전속 번역가'가 되었으며 가와바타 야스나리가 1968년 노벨문학상을 받는 데 결정적인 역할을 했다.

사이덴스티커는 자신의 한계를 시험하는 복잡다단한 텍스트를 일부러 찾아다녔다. 실제로 그는 가와바타 야스나리의 『설국』을 번역할 때 재미있었던 이유가 무척 어려웠기 때문이라고 회고하면서 그 소설은 "얼마 안 되는 것으로 너무나 많은 것을 하는", 가령 등장인물 중 한 명의 말투를 약간만 바꿔도 이야기가 완전히 달라지는 작품이라고 말했다.

이렇게 번역으로 모험과 스릴을 즐기는 번역가를 실제로 본 적이 있다. 그는 프랑스와 독일에서 차례로 공부하고 귀국해 두 언어권 책을 번역하던 친구였다. 그런데 난해하기로 유명한 아르헨티나 작가 훌리오 코르타사르의 『팔방치기』Rayuela라는 작품에 빠지더니, 갑자기 부에노스아이레스로 훌쩍 건너가 1년간 스페인어를 배웠다. 그러고는 또 일본으로 가서 문학 석사과정을 밟고 있다. "경험해 보지 못한 새로운 경지의 텍스트를 찾아 번역하고 싶어요"가 그가 일본으로 가기 전 잠시 한국에 들렀을 때 내게 남긴 마지막 한마디다.

말은 칼보다 더 날카로운 상처를 줄 수 있고, 오랜 시대에 걸쳐 번역가들이 살해 협박을 당한 사실에서 볼 수 있듯이 번역이든 통역이든 어떤 상황에서는 죽음으로 대가를 치를 수 있다.

수전 배스넷, 『번역의 성찰』
(윤선경 옮김, 동인, 2015)

얼마 전 탈레반이 아프가니스탄을 다시 장악하면서 그동안 미국에 협조해 온 현지 영어 통역사들이 살해 위협을 받고 있다는 뉴스를 본 적이 있다. 그들처럼 번역가도 과거에 종교적 극단주의자의 타깃이 되곤 했다. 코란을 악마의 계시에 빗댄 살만 루슈디의 『악마의 시』를 번역했다는 이유로 1990년 일본어판 역자가 무참히 살해된 게 그 예다. 이탈리아어판 역자도 같은 시기에 흉기에 찔려 중상을 입었다.

독재국가의 책을 번역하다 보니 나도 불안을 느낀 순간이 있었다. 불온한 주제의 세태소설 『나는 달러가 좋아』의 저자 주원을 베이징의 호텔 커피숍에서 만났을 때는 평소 그를 따라다닌다던 형사가 숨어서 엿보는 게 아닌지 불안했다. 체제 비판 발언으로 대외 활동을 제한당한 리인허 교수와 저작권 체결을 할 때는 중국 출판사를 우회해 그녀의 대리인과 몰래 접촉해야 했다. 그리고 티베트 독립주의와 관련된 책의 번역을 의뢰받았을 때는 혹시 번역하고 나서 중국 정부로부터 영구 입국 금지를 당하는 건 아닌지 겁나기도 했다.

어느 시대 어느 사회에나 언론출판의 적은 존재하며 번역가는 자칫 그들의 레이더망에 포착될 위험이 있다.

김난주 번역가는 "텍스트로부터 벗어날 수 없는 번역은 자유를 억압받는 일이자 철저히 외로운 싸움"이라고 했다.

「하루키 열풍의 시초 '세계의 끝과 하드보일드 원더랜드', 28년 만에 다시 번역한 김난주」, 『조선일보』(2020.7.15.)

그렇게 오랜 세월 번역을 해 왔는데도 새 책을 펴고 처음 작업에 돌입할라치면 두려움이 뭉게뭉게 피어올라 몇 번이고 의자에 앉았다 일어섰다를 반복한다. 그것이 동화든 에세이든 소설이든 상관없다. 새 책은 다 미지의 세계여서 내가 이번에도 길을 잘 찾아갈 수 있을지, 갈림길에 설 때마다 옳은 결정을 할 수 있을지 불안에 떨곤 한다. 그럴 수밖에 없는 게, 내 주위에는 길을 인도해 주는 조력자가 아무도 없기 때문이다. 온전히 내 감각과 판단력만으로 길이 끝날 때까지 무수한 결정을 해 나가야만 한다. 새롭게 지어지는 번역문의 세계에서 나는 유일한 창조자이며 독재자다. 그 세계를 벗어나면 한낱 가난하고 무력한 글쟁이일 뿐이더라도 말이다.

번역가의 이런 태도는 편집자에게 짐을 안긴다. 옛날에 친한 출판사의 요청으로 6개월 정도 편집자 생활을 한 적이 있다. 당시 미국 소설과 독일 소설 편집을 맡았는데 두 원고 모두 결정해야 하는 것투성이였다. 미국 소설은 결정적인 부분마다 뭔가 석연치 않았고 독일 소설은 문장이 너무 어수선해 한참을 들여다봐야 이해가 갔다. 결국 미국 소설은 (고교 졸업 이후로 영어 공부라고는 전혀 해 본 적이 없는데도) 원서 대조로 일일이 문제점을 해결해 역자에게 대안을 제시했고 독일 소설은 새로 쓰다시피하여 텍스트 전체를 윤색했다. 그때 매일 야근하며 속으로 거듭다짐했던 것 같다. 나는 결코 편집자에게 결정을 미루지 않겠다고. 과연 내가 그 다짐을 철저히 지켜 왔는지는 잘 모르겠지만 다행히 편집자에게 무책임하다거나 우유부단하다는 지적은 들은 적이 없다. 혹시 내가 너무 예의 바른 편집자만 만났던 걸까.

번역가는 행위자, 복잡한 교류에서의 활동적인 참가자, 특정 전문 지식을 가짐으로써 어느 정도의 힘을 가진 사람, 그리고 지켜야 할 개인과 대중의 이익의 모든 예절을 알고 있는 사람이다.

테오 허만스, 「규범 그리고 번역의
결정: 이론적인 틀」, Roman
Alvarez, M·Carmen-Africa
Vidal 편, 『번역, 권력, 전복』
(윤일환 옮김, 동인, 2008)

번역은 절대시간을 요한다. 원서의 장르와 저자의 스타일 그리고 역자의 컨디션에 따라 다소 차이가 날 때도 있지만 대체로 일정량을 번역하는 데 일정 시간이 들어간다. 나는 번역가 중 효율이 최악인 중국어 번역가이므로 현대소설을 기준으로 보통 한 시간에 원고지 3매를 번역한다. 그래서 종일 매달려 봤자 30매가 고작이다. 하루 50매에서 100매도 거뜬히 해치우는 일본어와 영어 번역가를 보면 서글프기 짝이 없다.

어쨌든 사정이 이러하니 생계를 위해 번역가는 방 안에, 스터디카페에, 커피숍에 무한정 처박혀 있을 수밖에 없다. 따라서 대외적으로 은둔자처럼 보이는 게 당연하다. 사람을 만나면 작업 시간이 줄어드니 인간관계 유지를 위한 약속도 최소한으로 잡는다.

하지만 번역가가 전혀 대외 활동을 안 한다고 생각하면 오산이다. 그러기엔 번역가는 가진 재주와 지식이 너무 많다. 외국어와 글쓰기에 능한 것은 기본이고 저작권과 해외 출판계 소식에도 훤하며 뛰어난 잡학가이기까지 하다. 실제로 주위를 둘러보면 번역가는 온갖 분야에서 바쁘게 활동하고 있다. 번역 강좌를 진행하기도 하고 칼럼과 에세이를 쓰기도 하며 정부 문화사업의 자문역을 맡기도 한다. 심지어 번역서 전문 출판사를 운영하는 사람도 있다. 나는 한중 출판 교류에 오래 관여해 왔다. 중국의 여러 출판사와 협력해 중국 정부로부터 번역 지원금을 따내서 한국 출판사가 부담 없이 중국 양서를 번역출판하도록 가교 역할을 한다.

물론 이런 대외 활동에는 대가가 따른다. 돌아다니느라 반토막 난 번역 시간을 어떻게든 벌충해야 하기 때문이다. 어떤 번역가는 1년에도 몇 번씩 SNS를 닫고 잠적해 낭비한 시간만큼 더 혹독한 유폐의 시간을 보내다 돌아오곤 한다.

김   원장은   번역가의   자질로   무엇보다
양국의   문화,   언어에   대한   높은   이해와
더불어   문학적   감각,   문장력을   강조했다.
또   번역에   대한   애정과   사명감,
그리고   자부심이   필요하다고   덧붙였다.

「컬처 앤드 라이프 ― 김성곤
한국문학번역원장」, 『서울경제』
(2013.11.15.)

번역가의 그릇은 이미 정해져 있다고 생각해 왔다. 누군가의 샘플 번역을 단 5분만 봐도 그 사람이 번역가를 할 만한 사람인지 아닌지 알 수 있다고 자부하기도 했다. 그럴 만도 한 것이, 김성곤 원장은 번역가의 자질로 정말 어마어마한 것을 요구하지 않는가. 양국의 문화, 언어에 대한 높은 이해와 문학적 감각, 문장력 그리고 번역에 대한 애정, 사명감, 자부심까지. 정말로 이 모든 것을 갖춘 사람만이 번역가가 될 수 있다면 그의 번역은 당연히 남다르지 않겠는가. 그리고 그런 사람이 쉽게 눈에 띄거나 쉽게 길러질 리 없다. 사실 김 원장의 말에 100퍼센트 동의하지는 않는다. 번역가도 성장하는 존재인 만큼, 처음부터 양국 문화에 정통하고 번역에 대한 뜨거운 애정과 사명감을 갖기는 어렵다. 하지만 문학적 감각과 문장력만은 번역가가 되기 전에 완성형으로 갖춰야만 하고 이 두 가지가 부족한 번역가 지망생은 일찌감치 꿈을 접는 게 옳다고 나는 믿어 왔다.

이 개인적인 믿음은 지난 20년간 줄곧 나를 딜레마에 빠뜨렸다. 대학과 시민 강좌에서 여러 번역가 지망생을 가르쳐야 했기 때문이다. 척 봐도 자질이 있는 지망생만 남기고 나머지는 첫 수업부터 돌려보내야 옳은 게 아닐까. 나는 그러지 못했다. 내심 두 가지 변명거리를 마련했기 때문이다. 첫째, 내 믿음이 절대적으로 옳다는 보장은 없다. 누군가는 초인적인 노력으로 뒤늦게 문학적 감각과 문장력을 갖출 수도 있지 않은가. 둘째, 수업을 통해 번역가를 길러 내는 일만큼 번역가가 되기 어려운 이들이 스스로 깨닫고 포기하게 하는 것도 의미가 있지 않은가.

박진영 성균관대 국어국문학과 교수는 "번역도 문학이라는 생각이 부족했고, 번역가가 단순히 언어를 전하는 기술자가 아니라 우리 문학의 한 주체라는 인식도 없었다"며 학계와 출판계 풍토를 꼬집었다.

「번역가는 기술자?··· 번역이 없었다면 한국문학도 없었다」, 『서울신문』(2022.3.23.)

하지만 나는 번역가가 '기술자'라고 생각한다. 좀 더 정확히 말하면 번역을 기술 삼아 먹고사는 '날품팔이'라고 생각한다. 출판번역가라면 누구나 어디에도 소속되지 않고 정확히 그날그날의 품을 판 대가로 살아간다. 나 역시 하루 일이 끝나는 시점이면 한글 프로그램의 '문서 통계' 기능을 이용해 그날 번 품삯을 계산한다. 만약 원고지 30매를 번역했으면 1매당 5천 원씩 15만 원. 원천소득세 3.3퍼센트를 공제하면 14만 5,050원. 한 권 번역을 다 마쳐야 번역료를 받을 수 있지만 그래도 자기 위로라도 하듯 매일 그렇게 품삯을 체크하고 또 그것이 누적되면 예고된 큰 지출을 메울 수 있을지, 메울 수 없다면 앞으로 하루 번역량을 얼마나 더 늘려야 할지 고민한다.

지금은 즐거운(?) 추억이 되었지만 딸아이 음대 입시 레슨비를 댈 때는 하루 번역량을 30퍼센트나 늘렸다. 새벽같이 카페나 독서실에 나가 수험 공부 하듯 열두 시간씩 번역을 했다. 무색무취의 그 지루한 시간을 어렵사리 견뎌 내는 것도 숙련된 번역 기술자의 능력이다.

"전통적인 문학 관념은 궁극적으로 순진한 낭만주의적 개념으로서 '천재', '독특성', '창조성' 및 엄격히 제한된 '국가별 문학' 개념을 포함한다. 따라서 번역문학은 주변적 지위를 가질 수밖에 없다." ─테오 허만스

셰톈전謝天振 편,
『현대 외국 번역이론』當代外國飜譯理論
(南開大學出版社, 2008)

나를 비롯한 몇몇 번역가는 한때 '문학청년'이었다. 그저 다독가였던 것만이 아니다. 작가가 되기를 꿈꾸며 소설이나 시를 쓰고 영화판을 돌아다녔다. 그들 중에 처음부터 자신이 번역가가 되리라고 예상한 사람은 아무도 없다. 그러다가 그들은 '천재' '독특성' '창조성'에 관한 엄격한 자기 기준을 넘지 못해 문학 창작에서 손을 뗐다.

10년 만에 시 쓰기를 그만둘 때 나는 의외로 기분이 담담했다. 그 10년은 사실 재능 없음에 대한 끈질긴 부정과 확인의 세월이었다. 할 만큼 했고 이제 포기해야 했다. 하지만 오랜 의지를 대체할 새로운 의지가 필요했고 그때 마침 나는 생계형 번역가로 첫걸음을 뗀 상태였다.

'아무에게도 충격을 못 줄 작품을 쓰느니 누군가에게 충격을 줄 수 있는 작품을 번역하는 게 낫지 않을까.'

내 문학 기획과 번역은 이때 시작되었다.

"소설 쓰는 것은 다른 영역이다. 우리는 배우처럼 (각본에 따르듯) 한다. 창작하면 번역해서는 안 된다. 이것은 빠지기 쉬운 덫이다."

「국내 최고의 번역가
'정영목' 이화여대 교수」,
『매일경제』(2012.2.29.)

외부 문화 행사에 초대받아 가서 모르는 사람들과 인사를 나눌 때면 묘한 호칭에 기분이 이상해질 때가 있다. 그 호칭은 바로 '작가님'이다. 사실 내 인생에서 가장 많이 들어 본 호칭은 '선생님'이다. 내 여러 아르바이트(주업이 못 된다는 점에서는 번역도 아르바이트다) 중 하나가 대학 강의이니 그럴 수밖에 없다. 철모르는 학생들에게 '교수님'이라는 호칭도 자주 듣지만 아주 질색이다. 하지만 아니라고 굳이 지적하기도 귀찮아서 매번 그냥 넘긴다. 내 정체성을 가장 잘 나타내는 동시에 내가 가장 불리기를 바라는 호칭은 '번역가님'이지만 유감스럽게도 이 호칭으로 나를 불러 주는 사람은 의외로 적다. 대다수는 두루뭉술하게 '선생님'이라 부르고 간혹 몇몇이 그 묘한 호칭을 써서 '작가님'이라고 부른다. 하지만 나는 작가라는 호칭이 불편하다. 내가 번역가인 걸 뻔히 알면서 왜 작가라고 부르는가. 번역가보다 작가가 더 우월한 존재여서 나를 높여 주려고? 말도 안 되는 소리!

물론 그렇다고 내가 작가보다 번역가가 우월하다고 생각하는 것도 아니다. 그저 둘이 다르다고 생각할 뿐이다. 둘은 서로 다른 자리에 서 있고 서로 다른 능력의 소유자다. 작가라고 해서 번역을 수월하게 하는 것은 아니며, 번역가라고 해서 남들보다 쉽게 시나 소설을 쓰는 것은 아니다. 둘은 서로 다른 차원에 속한다. 제발 나란히 놓고 비교하며 어느 한쪽을(보통은 작가 쪽을) 추어올리려 하지 말자.

오늘도 나는 "소설가가 되고픈 열망이 있지 않나요?"라는 질문을 들었다. 이에 정식으로 답하겠다. "없습니다. 소설가가 언제부터 그렇게 선망받는 직업이었다고 제가 소설가가 되길 무려 열망까지 하겠습니까. 그럴 능력도 없습니다. 저는 소설가의 끝없는 상상력도 훌륭한 문장력도 없으니까요. 제 생각과 능력은 애초에 번역가에 맞춰져 있었답니다."

앙드레 지드는 "국가는 뛰어난 작가 모두에게 시간의 일부를 외국 걸작의 번역에 쏟아붓도록 강요해도 무방하다"라는 도발적인 언사를 던진 적도 있다.

쓰지 유미, 『번역사 오디세이』
(이희재 옮김, 끌레마, 2008)

작가가 창작과 번역을 병행하는 것은 그리 드문 일이 아니다. 가장 잘 알려진 예는 무라카미 하루키다. 현대 미국 소설 전문 역자로서 그는 레이먼드 카버 전집을 비롯해 무려 70여 편의 작품을 번역한 바 있다. "번역은 궁극의 숙독이고 한 줄 한 줄 텍스트를 쫓는 것은 작가로서 귀중한 경험이다"라는 그의 발언을 통해 그가 번역을 문학 창작의 중요한 원천으로 삼았음을 알 수 있다.

앙드레 지드는 좀 더 색다른 견해를 제시했다. 역시 생전에 셰익스피어의 『햄릿』, 타고르의 『기탄잘리』 등 10여 권의 굵직한 저작을 번역한 그는 작가가 번역 작업을 하면서 자국어의 약점을 발견하는 게 중요하다고 지적했다. 어떤 언어든 그 나름의 자질과 함께 "저항과 망설임과 거부가 있는 법인데 작가는 외국어를 접하면서 비로소 이 점을 자각한다"라고 말했다.

작가가 자국어의 약점을 깨달으면 창작을 통해 그 약점을 극복하려 애쓸 것이고 그러면 자국어를 쓰는 모든 언중에게 혜택이 돌아갈 것이다.

"열 명이 시작하면 한두 명 성공하는데, 그렇다고 해도 큰 수입을 얻는 건 아니에요. 물론 일하는 만큼 돈이 되니 더 열심히 일하면 더 많이 벌 수 있겠지만, 그렇게 되면 건강을 포기해야겠죠. 저는 여가 생활을 전혀 못하면서, 또 주말도 즐기지 못하면서 일한 끝에 겨우 여기까지 왔거든요. 그래서 이제 사회에 나오는 친구들, 혹은 가족의 생계를 떠맡아야 할 젊은이들한테는 번역 쪽은 택하지 말라고 하죠."

「"번역가는 바람둥이, 금세 새 책과 열애" ― '번역에 살고 죽고' 저자 권남희 씨」, 『문화일보』(2011.4.22.)

국내에는 출판번역을 체계적으로 꾸준히 가르치는 정규 교육기관이 거의 없다. 시민 강좌에 간혹 개설되는 경우가 있긴 하지만 매주 1회 총 한두 달 과정에 불과하며 어종語種도 영어가 대부분이고 다른 언어는 일본어, 중국어를 빼고는 아예 없다고 봐야 한다. 통번역대학원이 있긴 하지만 거기에서 '번역'은 출판번역과 그리 관계가 없다.

나는 지난 20년간 대학이나 시민 강좌에서 한 학기씩 또는 6주씩 간헐적으로 중국어 출판번역을 가르쳐 왔다. 맨 처음에는 강좌 내내 청소년 동화나 소설 한 권을 교재로 잡고 학생들이 돌아가며 번역해 발표하는 데 그쳤지만 지금은 좀 다채로워졌다. 때로는 매주 동화, 소설, 시, 수필, 역사, 사회과학 등 다양한 원문을 돌아가며 번역하거나 분야별 독법과 문체를 학습하기도 한다. 아니면 동화를 저학년, 고학년, 청소년 동화로 나누거나 소설을 역사소설, 장르소설, 페미니즘 소설 등으로 나눠 번역하면서 각 장르의 문법을 더 세심하게 파고들기도 한다. 실제로 대학 강의에서는 16주 동안 이 훈련을 진행하므로 학기 말이 되면 학생들의 수준이 놀랍게 달라져 있다. 물론 그들은 그저 중문과 커리큘럼 중 한 과목을 이수하는 것일 뿐이고 번역가가 될 생각은 꿈에도 없지만 말이다.

그렇다, 이게 문제다. 체계적인 출판번역 과정이 희소한 것은 다른 이유 때문이 아니다. 출판번역가가 되려는 사람이 워낙 없고 또 출판번역 분야가 워낙 가난하기 때문이다. 나도 학생들에게 출판번역가가 되라고 권한 적이 거의 없다. 두어 번 있긴 하지만 단지 그들이 번역을 잘해서만은 아니었다. 번역 말고는 딱히 하고 싶어 하는 게 없어 보였기 때문이다.

오늘날 한·중·일 삼국이 공유하고 있는
근대 작가를 꼽자면 루쉰 말고 더 있을까?

박진영, 「번역문학 연구의
동아시아적 의의와 방법론」,
김용규·이상현·서민정 엮음,
『번역과 횡단』(현암사, 2017)

한국인에게 가장 익숙한 중국 작가인 루쉰은 그는 1881년에 태어나 1936년에 죽었다. 생졸년만 봐도 그가 문제적인 시대를 살았음을 알 수 있다. 청나라 말기에 태어나 중화민국의 탄생을 보았고 5·4운동과 군벌 시대를 거쳐 국공내전과 항일전쟁 중에 숨을 거뒀다. 근대와 전근대를 모두 겪은 것이다. 그래서 스스로를 '중간자'中間者라 칭했던 그는 평생 전통 문인과 현대 작가의 이중적 아이덴티티를 가졌다. 동시에 첨예한 시각으로 역사의 진보적 흐름을 놓치지 않았으며 창작 스펙트럼도 넓어서 소설, 시, 수필, 평론, 학술 등에서 모두 빼어난 저작을 남겼다.

지식인의 수난기였던 문화대혁명 기간에 유일하게 극좌 세력의 비난을 피한 작가가 루쉰이었던 데에는 이런 배경이 있다. 나아가 그는 한국과 일본 지식인에게도 줄곧 존경의 대상이었다. 「아큐정전」 「광인일기」 「약」 같은 중단편소설과 『아침꽃을 저녁에 줍다』로 대표되는 수필은 여전히 동아시아 국가의 독자에게 널리 읽히고 있다.

하지만 나는 루쉰이 싫다. 루쉰이라는 인물이 싫다기보다 한국에서 그의 영향력이 싫다. 연구자라는 연구자는 다 루쉰 전공자이고 루쉰 관련 도서가 200권이 넘는다. 나는 동시대의 다른 우수한 중국 작가들이 루쉰의 그늘에 가려 한국에 소개되지 못했다고 생각한다. 그래서 오랜 세월 중국의 신진 작가를 알려 왔지만 여전히 루쉰 또 루쉰이다. 그나마 위화, 쑤퉁, 옌롄커가 조금 알려졌지만 그들도 이미 육십대다.

일본 문학은 아직 단행본으로 묶이지도 않은 신인 작가의 잡지 연재소설을 국내 출판사가 입도선매하기도 한다는데 중국 문학은 도무지 동시대성을 확보하기 힘들다. 물론 이런 푸념을 하는 나조차 작년에 루쉰 시집을 번역해 출간했다. 다른 중국 시인의 시집도 번역했지만 낼 방도가 없었다.

동양권에서는 한국에서 유난히 베르나르 베르베르와 『개미』가 뜨거운 바람을 일으켰던 것은 옮긴이의 영향이 컸다는 평을 받아 왔던 이세욱 씨는, "사전을 한 권 옆에 끼고 읽어야 한다"는 불평 아닌 불평이 들려올 만큼 풍부한 어휘력과 우리말에 대한 이해력, 미심쩍은 부분을 직접 작가에게 확인해 볼 정도의 꼼꼼함과 치밀함으로 『개미』를 원작 이상 가는 뛰어난 작품으로 다시 태어나게 했다.

「작가 베르나르 베르베르의
『개미』, "상상력으로
개미의 세계로 안내하다!"」,
『한국강사신문』(2019.6.23.)

다른 나라 언어로 번역 출간되는 문학작품의 성패는 거의 전적으로 현지 번역가의 역량에 달렸다. 이것은 중국에서 출간되는 한국 작품의 동향을 오래 관찰해 얻은 결론이다. 전혀 기대하지 않은 작품이 대박을 터뜨리는가 하면, 중국 독자의 반응이 궁금했던 작품은 나오자마자 묻히기도 했다. 그런 결과를 낳은 결정적 원인은 대부분 번역의 퀄리티였다.

2004년과 2005년, 한국 인터넷소설이 연속으로 밀리언셀러를 기록하며 중국 출판계를 강타했다. 바로 귀여니의 『그놈은 멋있었다』와 『내 남자친구에게』였다. 그 후로 귀여니 소설을 본뜬 아류작이 줄줄이 출현하면서 중국 출판계에는 '청춘문학'이라는 새 카테고리까지 생겨났다. 몇 년 후 나는 어릴 적 귀여니 작품에 빠져 살았다는 중국인 유학생에게 물었다. 대체 뭐가 그리 좋았느냐고. 그녀는 놀랍게도 "글이 너무 아름다웠어요!"라고 답했다. 귀여니의 악명 높은 문체를 익히 알고 있던 나는 충격을 받았다. 그래서 3년 전 베이징국제도서전에서 귀여니 소설의 전담 번역가 황홍 씨를 만났을 때 그녀에게 무한한 존경심을 느꼈다.

반면 박민규의 『카스테라』, 공지영의 『봉순 언니』, 정유정의 『7년의 밤』 등은 아쉽게도 전혀 반향을 못 일으켰다. 시험 삼아 중국인 유학생들에게 그 중국어판 책을 구해 읽혔는데 그들의 소감은 거의 일치했다. "번역이 딱딱해서 문학적인 느낌이 안 들어요."

중국에는 아직 실력 있는 한국어 번역가가 많지 않은 듯하다. 소수의 번역가가 돌아가며 중요한 작품을 맡아 번역하는데 독자의 평가가 별로 안 좋다. 그래서인지 『82년생 김지영』은 중국 출판사에서 타이완판의 번역 원고를 계약해 사용했고 상당한 성공을 거뒀다. 타이완은 귀국한 한국 화교들이 한국어 번역을 책임지고 있는 것으로 알고 있다.

프랑스 문학이 르네상스 후 세계 문학사를
주도하게 된 계기는 활발한 번역 때문이었다.
작가와 독자들이 번역을 통해 다른
언어권의 폭넓은 문학 세계를 접하면서
문학을 보는 시각적 수준이 높아졌다.

허연, 「"좋은 번역가는
창조자"라는 말은 진리… 프랑스,
활발한 번역으로 문학사 주도」,
『매일경제』(2019.12.9.)

중국 인터넷서점에 들어가 '번역문학사'라는 키워드로 책을 찾았다. 『20세기 중국 번역문학사』(전 3권) 『20세기 하반기 중국 번역문학사』『대일 항전기 후방의 번역문학사론』, 이렇게 세 권이 검색되었다. 중국은 연구자가 많아서 이런 세부 분야의 학술서도 곧잘 나온다. 더욱이 모두 출간된 지 15년 이내의 성과물이었다. 한국은 김병철 교수의 『한국 근대 번역문학사 연구』『한국 현대 번역문학사 연구』가 있긴 하지만 출간 시점이 각기 1975년, 1998년으로 너무 오래되고 자료를 정리한 수준이라 본격 문학사로 보기는 어렵다. 물론 수백 종의 다양한 자국 문학사가 이미 존재하는 것을 생각하면 중국에서도 번역문학사는 그리 각광받는 분야가 아닌 듯하다.

낭만주의적 문학 관념은 국가별 문학과 손을 잡았다. 어느 국가든 남에게서 가져온 것은 평가절하하고 스스로 창조한 것만 강조하고 싶어 한다. 그래서 우리가 학창 시절 내내 접하는 '필독서 리스트'에 그렇게 많은 번역소설이 있는데도 그것의 영향력은 진지한 학술 연구의 대상이 되지 못한다. 국가별 문학사는 그 나라 국민이 가장 많이 읽고 크게 영향받은 작품이 아니라 그 나라 학계에서 가장 우수하다고 평가하는 국내 작품을 정리한 것일 따름이다.

내 인생의 작가는 카뮈와 카프카다. 두 외국 작가만큼 내 영혼을 뒤흔든 한국 작가는 없다. 그런데도 내가 읽은 그들의 작품이 누구의 번역이었는지 절반은 생각이 안 난다. '국뽕'의 뿌리가 이렇게나 깊다.

본디   번역가는   그늘에서
묵묵히   그리고   치열하게   원문과
고독하게   싸우며   사는   직업이다.

「영화번역가가 드라마 주인공이 되는
날이 오다니 ― 영화번역가 황석희」,
『월간 채널예스』(2020.9)

번역이 고대의 비밀스러운 지식을 재생하는 경로였던 서양 중세 이후 번역가는 쭉 '그늘의 직업'이었던 게 맞다. 근대 이후 번역가가 한 나라의 지적 담론을 주도했다거나 그 공적을 인정받아 국가의 중책을 맡았다는 얘기는 들어 본 적이 없다. 아니 좀 더 소박한 차원에서, 동시대 일류 작가만큼의 위상을 가져 본 번역가가 단 한 명이라도 있었는지조차 의심스럽다. 그들이 번역한 타국의 문학과 문물이 그토록 강력하게 작가의 영혼을 사로잡고 성숙하게 했는데도 말이다.

그런데 내가 사는 이 시대 이 나라의 번역가는 그저 '그늘의 직업'이라는 한마디로 규정하기에는 지위가 미묘하다. 며칠 전 만난 소설가는 내게 "예전부터 번역가를 동경하고 번역가가 어떤 사람인지 궁금했어"라고 말했다. 내 주위에는 항상 온갖 종류의 번역가가 득시글거리는데 말이다. 그리고 최근 4~5년간 번역가 에세이가 출판계에서 작은 붐을 이루기도 했다. 이는 번역가의 삶과 일을 궁금해하는 독자가 있다는 뜻이다. 아마도 번역가는 요즘 사람들에게 흥미롭게 쳐다볼 만한 색다르고 희소성 있는 직군으로 비치는 것 같다. 물론 번역가가 되기 위해 넘어야 할 높은 허들과 그에 반비례하는 낮은 수입을 알고 나면 단박에 고개를 돌려 버리겠지만.

1796년	최초의	화일	사전	편찬,
1814년	최초의	영일	사전	편찬.

야나부 아키라, 『번역어의 성립』
(김옥희 옮김, 마음산책, 2011)

일본이 아시아 최초로 근대화에 성공해 20세기 초에 벌써 세계 열강에 낄 수 있었던 건 '번역의 힘' 때문이었다고 말하는 사람들이 있다. 그 말에 전적으로 동의하는 것은 아니지만 어쨌든 일본인이 최초로 번역한 서양 서적인 『해체신서』가 조선 영조 때인 1774년에 출간되었다는 사실을 처음 알았을 때 무척 놀라기는 했다. 본격적인 해부학서인 이 책이 관청의 허가까지 받아 출간된 후 일본 의학계는 얼마나 큰 충격을 받고 또 얼마나 크게 발전했을까.

서양의 지식에 대한 일본인의 지속적인 갈망과 수요는 1796년 화일和日사전 출간과 1814년 영일사전 출간으로 이어졌다. 화일사전은 에도의 의사들이, 영일사전은 나가사키에서 네덜란드 무역상을 상대하던 통역들이 편찬을 주도했다. 그들은 자발적으로 서양의 지식과 정보를 흡수하는 동시에 사전 출간으로 번역의 기틀을 마련했다. 이런 노력의 누적이 결국 메이지 시대에 번역서의 홍수를 낳았다. 1883년에는 번역서 읽기를 전문적으로 안내하는 『역서독법』譯書讀法이라는 책까지 나왔는데, '밝혀 두기'에서 "이즈음 역서 출판이 성황을 이뤄 그 권수가 몇만 권에 이르니 한우충동汗牛充棟이 무색할 지경이다"라고 했다.

확실히 근대 일본의 번역서 붐은 국민의 지적 수준과 국가의 잠재력을 높이는 데 엄청난 기여를 했다. 물론 그 높은 지적 수준과 잠재력으로 왜 일본인이 국체론國體論이라는 주술에 빠져 천황을 신으로 떠받들었는지, 또 왜 태평양전쟁이라는 어처구니없는 모험을 감행했는지는 상당히 아이러니한 문제지만 말이다.

(메이지 초기에) 군사제도나 부국강병에 관한 거야 그렇다 치더라도, 역사서까지 포함해서 직접적으로 도움이 별로 안 되는 책을 태정관, 원로원, 좌원 등의 권력체가 주도적으로 번역했다고 하는 사실 자체가 놀라운 일입니다.

마루야마 마사오·가토 슈이치,
『번역과 일본의 근대』
(임성모 옮김, 이산, 2000)

079

정부의 문화지원사업 심사 때문에 관청을 자주 들락거리다가 한 가지 깨달은 게 있다. 정부는 지원금이라도 못 받으면 언제 고사할지 모르는 민간 문화 분야를 주로 지원하는구나! 한국에서는 다큐멘터리도 애니메이션도 시장에만 의지해서는 제작업체가 생존할 수 없다는 이야기를 들었다. 우리나라 같은 규모의 문화 소비국에서 다큐멘터리와 애니메이션이 안 만들어진다는 게 말이 되는가. 당연히 정부는 매년 지원금을 쾌척해야 한다.

　　메이지 정부도 마찬가지로 민간 문화 분야를 지원해야 하는 입장이었다. 아니, 지원을 넘어 팔을 걷어붙이고 직접 조성해야 했는데 특히 출판번역 사업이 그랬다. 당시 일본 민중은 막부의 봉건 체제에서 막 벗어난 탓에 세계관과 가치관이 자기 지역, 자기 신분에 국한되었다. 그들의 편협한 시야를 틔워 근대적 인간으로 탈바꿈시켜야만 메이지 정부는 성공적인 국민국가 건설을 기약할 수 있었다. 따라서 메이지 정부의 각 부서가 앞다퉈 각종 서양 서적을 번역한 것은 결코 국민에 대한 행정 서비스가 아니었다. 국가적으로 요긴하고 긴급한 정책 행위였다.

　　이런 까닭에 나는 번역청이든 번역국이든 우리 정부에 번역 관련 부서가 생기는 것을 원치 않는다. 그것은 곧 우리 출판계와 번역계가 기능부전에 빠져 마땅히 번역해야 할 책을 번역하지 못하게 됐음을 의미하기 때문이다.

알퐁스 도데의 「마지막 수업」은 일본에서 러일전쟁과 제1차세계대전이 일어난 1905년과 1914년에 번역되면서 전란과 애국 이야기로 읽혔다. 반면에 중국에서는 후스胡適에 의해 「할양지」割地라는 제목으로 바뀌면서 일본과 정반대로 침략과 패전 이야기로 번역되었다. 한국에서는 1923년에 최남선이 「만세」라는 제목으로 비틀면서 일본과 다르고 중국과도 어긋나게 민족과 독립 이야기로 재탄생시켰다.

박진영, 「번역문학 연구의 동아시아적 의의와 방법론」, 김용규·이상현·서민정 엮음, 『번역과 횡단』(현암사, 2017)

나도 중학교 국어 교과서에서 「마지막 수업」을 읽었다. 그때 의심했어야 했다. 프로이센에 넘어간 프랑스령 알자스의 소년 프란츠가 왜 이름이 '프란츠'인지. 오늘부로 프랑스어 수업이 끝나고 내일부터 독일어 수업이 시작되는 것을 그가 슬퍼한다면 이름이 프란츠가 아니라 프랑수아여야 맞지 않은가. 그리고 프란츠가 왜 그렇게 지독히 프랑스어를 못했는지도 의심했어야 했다. 프란츠는 동사 규칙이 어렵다고 했는데, 프랑스어가 모국어라면 동사 규칙 따위야 자연스럽게 구사해야 맞지 않은가.

그렇다. 프란츠는 프랑스인이나 프로이센인이기 이전에 알자스인이었고 알자스인은 심한 독일어 방언으로 분류되는 알자스어를 사용했다. 1648년 베스트팔렌조약으로 200년 넘게 프랑스의 지배를 받긴 했지만 그 기간에 알자스인은 줄곧 언어의 독립성을 유지했다. 그래서 프란츠는 프랑스 본토에서 파견된 것으로 보이는 아멜 선생에게 '자 막대'로 맞아 가며 프랑스어를 배워야 했던 것이다. 아멜 선생이 마지막 수업을 마치며 칠판에 '프랑스 만세'라고 썼을 때 반 아이들 모두가 진심으로 슬퍼했을까. 프란츠조차 지각을 면하려 학교로 뛰어올 때 들판에 울리는 프로이센 군인의 군화 소리를 듣고 수업을 빼먹고 싶은 충동을 느꼈다. 1870년대 알자스 아이들은 학교에서 프랑스어 수업을 하든 독일어 수업을 하든 별로 상관이 없었다. 그들은 프랑스도 프로이센도 사랑하지 않았고, 전쟁에서 프로이센에 패한 쪽은 프랑스이지 알자스가 아니었다. 물론 그렇다고 알자스의 독립을 꿈꾸는 것은 힘든 일이었다.

나는 철저히 속았다. 프랑스 작가 알퐁스 도데와 한국의 번역가 그리고 무책임한 내 국어 선생님에게. 이런 배경을 왜 그때 아무도 설명해 주지 않았을까.

"번역가로서, 어떤 성향의 편집자랑 일할 때 좋나요?" "확실하게 요구 사항을 말씀해 주시는 분이 좋죠. 출판사마다, 또 편집자마다 원하는 문장이 다르거든요. 원문의 느낌을 최대한 살려 주길 원하는 분도 있고 과감한 윤문을 원하는 분도 있어요."

「"제가 운이 좋은 편이지만"
— 번역가 김고명」, 『채널예스』
(2020.5.11.)

나와 편집자의 관계는 김고명 번역가의 경우와 사뭇 다르다. 출간 전 편집자가 '역자교정지'를 보내올 때만 짧게 소통한다. 역자교정지란 편집자가 번역 원고를 깔끔히 편집하고 종이로 출력한 뒤 거기에 의문점을 표시한 것으로, 출간 전에 마지막으로 역자에게 의견을 구하는 용도로 쓰인다. 전에는 종이로 출력해 문제되는 부분에 일일이 빨간 펜으로 줄을 긋고 글씨를 적어 퀵서비스로 보냈지만 요즘은 종이로 받을지 PDF로 받을지 물어본다. 나는 망설임 없이 PDF로 받겠다고 한다. PDF로도 별문제 없이 원고를 볼 수 있는데 굳이 종이 낭비 돈 낭비를 할 필요는 없지 않은가. 하지만 아직까지는 PDF보다 종이로 원고를 확인해야 직성이 풀리는 번역가가 더 많다.

그런데 나는 책마다 역자교정지를 받지는 않는다. 담당 편집자가 믿을 만한 사람이면 "그냥 궁금한 부분만 이메일로 물어보시면 안 될까요?"라고 부탁한다. 한마디로 내 원고를 구워 먹든 삶아 먹든 알아서 하라는 것이다. 다른 번역가가 보면 "번역 원고는 자식이나 다름없는데 자식이 어떻게 되든 나 몰라라 하는 거야?"라고 통박할 만한 일이다.

역자교정지를 받아 사나흘 열심히 점검하고 편집자의 의견에 일일이 답해 돌려보내는 게 정석이기는 하다. 하지만 나는 편집 과정에서든 그 전의 기획과 번역 과정에서든 편집자에게 내 의견을 주장하는 것을 최대한 자제한다. 책 제목이나 마케팅에 관한 아이디어 개진 같은 것은 아예 해 본 적도 없다. 내 역할과 출판사의 역할을 철저히 구분하고 편집자가 내 원고를 다루는 방식을 전적으로 존중한다. 그는 어떤 형태의 원고가 독자의 눈에 들지 가늠하고 가다듬는 전문가다. 그가 갓 입사한 초짜 편집자가 아니라면 마음 놓고 원고를 맡겨도 되고 또 그래야 한다고 생각한다.

출판번역이 왜 자꾸 뒷걸음질치는지는 나를 보면 안다. 20년 동안 90권 넘게 번역을 했지만 지금도 한 달 수익이 200만 원에 미치지 못한다.

조영학, 「어느 날 번역가가 모두
사라진다면」, 『서울신문』
(2021.11.15.)

미국의 번역가 그레고리 라바사도 번역료가 물가를 초월해 올라가는 경우는 거의 없다면서 "번역은 구매자의 시장이고 자신의 번역 작품이 출판되기를 바라는 자부심 문제 때문에 번역자들은 으레 낮은 임금에도 굴복하고 만다"라고 한탄했다. '구매자의 시장'이란 번역을 구매하는 출판사가 유리한 입장이라는 뜻이다. 영미권 출판계는 번역서 비중이 고작 3퍼센트에 불과하니 그럴 만도 하다. 저임금을 무릅쓰고 책을 내려는 번역가가 넘쳐 날 수밖에.

한국은 어떨까. 번역료에 관한 공식적인 데이터는 구할 길이 없으니 내 경험을 떠올려 보겠다. 내 번역료는 1998년 첫 일감을 받은 후로 지난 24년간 딱 두 배가 올랐다. 200자 원고지 1매 기준 2,500원에서 5,000원으로. 그런데 최저임금은 1998년 1,485원에서 2022년 9,160원으로 여섯 배가 넘게 올랐다! 대체 나는 어떻게 살아온 걸까. 대학 강사를 비롯한 각종 아르바이트와 아내의 도움이 없었다면 진작에 번역가 생활을 집어치웠을 것이다.

"번역서와 국내서 비중의 불균형이 해소되지 않으면 '사유와 지성의 식민지화'를 피하기 어렵습니다. 물론 해외에도 탁월한 저자가 많지만, 하버드·케임브리지 출신이라고 무조건 '환호'하는 태도는 문제입니다."

「"동물·쇼핑 등 담은 색다른 인문서… MZ세대와 호흡할 것" — 출판사 휴머니스트 김학원 대표」, 『문화일보』(2021.5.7.)

국내서 출판과 번역서 출판은 각기 노하우가 다르다. 전자는 국내 저자를 발굴하고 섭외해 원고를 받아 내는 데 능해야 한다. 후자는 해외 출판 동향과 저작권에 밝고 우수한 번역가 리스트를 갖고 있어야 한다.

그중 어느 쪽이 더 유리한지는 확언하기 힘들므로 양자의 몇 가지 장단점만 대략적으로 살펴보자. 국내서는 초기 비용이 적게 들지만 좋은 저자를 구하기 힘들다. 일반적으로 저자에게 주는 계약금 100만 원 정도 외에는 초기 비용이 들지 않지만 저자 풀이 얇고 유명 저자를 둘러싼 출판사 간 경쟁이 매우 치열하다.

반대로 번역서는 초기 비용이 만만치 않다. 원서의 저작권료, 에이전시 수수료, 번역가 계약금부터 무조건 먼저 투여해야 한다. 그뿐인가. 나중에 책이 나오고 혹시 판매가 부진하면 금전적 리스크가 국내서보다 더 크다. 국내서는 천 부가 팔리든 만 부가 팔리든 공히 10퍼센트 정도의 인세를 저자에게 지급한다. 적게 팔리면 적게, 많이 팔리면 많이 저자와 이익을 나누는 것이다. 그러나 번역서는 적게 팔리든 많이 팔리든 대부분 정해진 고료를 번역가에게 지급해야 한다. 출판사로서는 번역가도 인세 조건으로 고료를 받으면 좋겠지만 대다수 번역가는 매절, 즉 분량에 따라 한 번에 고료를 받고 다른 권리를 포기하는 계약 방식을 선호한다. 책이 안 팔릴 때를 생각하면 그게 더 리스크가 적고 수입이 안정적이기 때문이다.

그러면 번역서의 장점은 뭘까? 국내서에 비해 이문을 남기기가 훨씬 어려운 출판사들은 왜 번역서를 내려 할까? 해외의 좋은 저자, 좋은 작품을 확보하기가 상대적으로 쉽기 때문이다. 더구나 이미 출간된 책을 수입하는 것이므로 기획에서 출판까지 소요되는 시간도 훨씬 짧다. 그래서 출판사는 재정적 리스크를 무릅쓰고 해외 양서를 계속 체크하는 것이다.

"'번역은 제2의 창작'이라고 하지만 번역자의 위상은 작가만 못한 게 현실이죠. 대우도 그렇고 사회적 지위도 그렇고요. 책값은 해마다 올라가는데 번역료는 7년 전 그대로예요. 국민들이 책을 안 읽어서 그렇기도 하지만 외국처럼 번역가를 독립된 직업으로 보지 않는 측면도 있죠."

「"'저소득 전문직' 농담도 듣지만 과학대중화 보람 커요" — 과학책 전문 번역가 이한음 씨」, 『한국경제』 (2009.7.24.)

그래도 나는 대한민국의 번역가로 사는 게 자랑스럽다. 심지어 대학원 석사과정 때 권당 5만 원을 받고 무협만화를 번역해 딸의 분유값을 벌 때도 그랬다. 번역료는 적었지만 번역가로 대우받는 게 좋았다. 학교에서는 허드렛일이 일상인 잔챙이 대학원생이었지만 출판사에 가면 역자 선생님이라고 깍듯이 대접해 주었다. 나는 이것이 우리나라 출판계의 독특한 문화라고 생각한다. 저자에게는 물론이고 역자에게까지 콘텐츠 생산자로서 받아 마땅한 예우를 갖추는 것. 나는 처음부터 이 문화에 감동해 점차 학계를 멀리하고 번역에 집중하게 되었다.

대한민국의 번역가로서 가장 어깨가 으쓱해지는 일은 번역서에 내 이름과 프로필 그리고 역자 후기가 실리는 것이다. 누구는 의아해할지도 모른다. 당연한 일을 갖고 왜 자랑스러워하느냐고. 당연한 일이 아니기 때문이다. 영미권 번역서는 역자 후기를 넣는 경우가 거의 없으며 번역가의 프로필, 심지어 이름조차안 들어간 책도 눈에 띈다. 중국도 마찬가지다. 번역가의 이름만 달랑 올려 준 번역서가 90퍼센트라고 봐야 한다. 번역가의 사회적 위상이 낮아도 너무 낮다.

번역가는 돈도 별로 못 버는데 그런 사회적 위상이 뭐가 대수냐고 비웃는 사람도 있을 것이다. 나는 이렇게 대꾸하고 싶다. 돈도 별로 못 버는데 사회적 위상까지 바닥이면 일하기가 얼마나 더 힘들겠느냐고. 고단한 삶 속에서 번역가는 갓 나온 책을 받아 거기에 찍힌 자신의 이름을 확인하며 위안을 받는다. 그럴 리는 없겠지만 혹시 출판사가 책에서 내 이름을 빼자고 하면? 번역료를 열 배로 주면 한번 검토해 보겠다.

저는   역설적이게도   번역을   하기   위해
번역만큼이나   많은   시간을   할애해
여러   가지   아르바이트를   해   왔습니다.

김택규, 『번역가 되는 법』
(유유, 2018)

번역가는 반드시 '부캐'가 있어야 번역 일을 오래 할 수 있다는 게 내 지론이었고 실제로 그렇게 해 왔다. 번역 외에 대학 강의, 윤문, 칼럼 쓰기 등을 쭉 병행했다. 때로 부캐와 주캐가 헷갈릴 정도로 바빠 산 데다 약간의 행운까지 겹쳐 가장 역할은 간신히 잘해 왔다. 그런데 작년에 노안이 온 것을 계기로 미래를 고민하게 됐다. 언제 하늘나라로 불려 갈지 모르지만 이제는 여유롭게 살면서 하고 싶던 일을 해야 하지 않을까.

앞으로 번역은 문학서만 하기로 했다. 유일하게 사명감을 느끼는 분야여서다. 대학 강의는 하나만 하기로 했다. 안 하고 싶지만 대학에 적을 두는 게 대외 활동에 도움이 되기는 한다. 윤문은 관뒀다. 그간 살림에 가장 보탬이 된 일이긴 하지만 돈만 남고 보람은 전혀 안 남는다. 이런 식으로 나는 꽤 많은 시간을 확보했다.

그 시간을 시민 강좌 기관에서 꾸린 두 스터디 모임에 전부 쏟아붓고 있다. 하나는 언어학 도서를, 다른 하나는 중일 관련 번역서를 읽는 모임이다. 아직은 갈피가 안 잡혔지만 두 분야를 꾸준히 공부해 훗날 책을 쓸 수 있는 기반을 마련하려 한다. 글에 예민하고 직업상 잡학일 수밖에 없는 번역가는 훌륭한 예비 저자라고 생각한다. 비록 생활 때문에 저작 활동을 미뤄 왔지만(저서를 썼다가 안 팔리면 타격이 심대하다) 이제 경제적 부담이 다소 줄었으므로 용기를 내어 도전해 보려 한다.

지구상에는 현재 약 6천여 종의 언어가 있는데, 100년 이내에 약 600여 종으로 줄어들 것이라고 한다. 지금도 2주에 하나씩 소수 언어들이 사라지고 있다. 어떤 미래학자는 영어, 중국어, 스페인어만 남고 모든 민족어가 사라질 것이라고 예단하기도 한다.

「2주에 1개… 인공지능
시대, 언어가 사라지다」,
『오마이뉴스』(2020.5.24.)

유네스코 데이터베이스에 등록된 100만 권의 번역서 중 65만 권이상이 영어가 출발어라고 한다. 또 100만 권 중 10분의 1은 영어가 도착어라고 한다. 이렇게 영어는 출발어로든 도착어로든 전체 번역서의 75.12퍼센트를 차지해 인류 지식의 주된 전달 경로이자 저장고 역할을 하고 있다.

그렇다고 영어가 원어민이 가장 많은 언어는 아니다. 영어 원어민은 4억 7000만 명으로 원어민이 11억 2000만 명인 표준 중국어의 41.9퍼센트에 불과하다. 그런데 전 세계적으로 영어를 할 줄 아는 사람은 50개 국가 12억 6800만 명에 달한다. 이처럼 영어는 비영어권 국가 간의 매개어 역할까지 맡고 있다.

그런데 영어가 번역의 도착어가 아니라 출발어로서 훨씬 더 압도적인 활약을 하는 점은 다소 우려스럽다. 만약 영미 문화권이 전 세계의 다양한 지식을 외면하고 문화적 우월주의에서 벗어나지 못한다면 영어는 장차 어떻게 될까. 언젠가 미국의 패권이 저물었을 때 그 생명력을 잃고 로마 패망 후 라틴어처럼 각국 지식인의 교양 언어로 전락할지도 모른다는 생각이 든다.

2007년 4월 15일자 뉴욕 타임스 주말판 북리뷰는 "한국에서 한 해에 발행된 책 가운데 번역서 비율은 29%로 세계 1위"라고 보도했다.

「번역서 의존도 갈수록 심해진다」,
『서울경제』(2008.2.22.)

밉살맞은 전염병 때문에 2년 넘게 나라 밖에 못 나갔다. 그 전까지는 1년에 두세 번은 꼭 서점 나들이 삼아 중국이나 일본에 갔는데 말이다. 그런데 지난 20년간의 중국과 일본과 한국의 서점 풍경을 돌아보면 굉장히 특징적인 현상 하나가 떠오른다. 바로 영미권 번역서의 동시적인 베스트셀러 현상이다. 2000년대 내내 한중일 서점의 매대를 점령한 책은 단연 『해리포터』 시리즈였다. 비슷한 유형으로 『트와일라잇』 시리즈도 있었다. 2010년대에는 픽션류를 넘어 스티브 잡스 전기와 『정의란 무엇인가』도 선풍적인 인기를 끌었다. 최근에는 히가시노 게이고의 추리소설이 한국과 중국에서 흥행 보증수표가 되기도 했다. 한때 무라카미 하루키의 작품이 그랬던 것처럼.

영미권 번역서가 산처럼 쌓인 세 나라 서점의 베스트셀러 매대를 지날 때면 속이 상하곤 했다. 우리는 이렇게 열광적으로 자기들 책을 번역해 봐 주는데 그들은 왜 우리 책에 관심이 없을까 하고 말이다. 미국과 영국의 해외 번역서 비중은 고작 3퍼센트인데 반해 한중일의 해외 번역서 비중은 무려 25~30퍼센트다. 그중 대부분은 서구권 도서이며 또 한국과 중국은 일본서 비중도 높다. 얼마나 일방적인 관심이자 자존심 상하는 짝사랑인가.

하지만 몇 년 전부터 마음을 고쳐먹었다. 아니, 오랫동안 서서히 관점이 달라졌다고 말하는 게 옳겠다. 생각해 보라. 번역서 비중이 높은 나라의 독자가 더 행복할까, 그렇지 않은 나라의 독자가 더 행복할까. 당연히 다양한 번역서를 통해 여러 나라의 색다른 문화와 이야기를 즐기고 견식을 넓힐 수 있는 독자가 더 행복하지 않겠는가. 우리가 더 박식하고 더 세계적이며, 따라서 더 행복한 독자다. 가엾은 서구 독자 같으니.

번역가들도 처우 개선을 절감한다면
제대로 돌아가는 조합이나 협회를
만들고 입법 기관에 영향력을 행사하고,
입법을 통한 법적 보호 장치를
마련할 생각을 해야지 번역청 같은
뜬구름으론 아무것도 할 수 없다.

황석희, 「번역청 같은 걸 어디에
쓴다고」, 『ㅍㅍㅅㅅ』(2018.1.31.)

나는 '출판 패권국'인 영국과 미국에서 태어나지 않아 오히려 쉽게 번역가가 되는 행운(?)을 거머쥔 셈이다. 게다가 둘러보면 나 같은 행운아가 '천지 삐까리'다. 내가 만나고 이야기를 나눠 본 번역가만 해도 50여 명은 되며 SNS로 연결되는 사람까지 합치면 100명을 훌쩍 넘는다. 이 정도면 소위 '번역계'를 상정할 수 있을 듯하며 실제로도 서로 만났을 때 '우리 번역계' 운운하곤 한다. 하지만 '계'界는 사회적 단위를 뜻하고 사회적 단위를 이루려면 최소한의 제도적 틀이 있어야 한다. 그런데 출판번역을 업으로 삼는 우리 번역가는 심지어 작은 협회 조직조차 가져 본 적이 없다.

직능단체를 가져야 집단적 요구나 의견이 있을 때 사회를 향해 작은 목소리라도 낼 수 있다. 이 점이 불만이었던 나는 오래전 정부의 출판 주무부처 공무원을 만났을 때 "왜 출판번역가는 협회가 없는 겁니까?"라고 볼멘소리로 물은 적이 있다. 그러자 그는 어처구니없어 하며 "회원 명부하고 정관을 마련해 오세요. 저희는 출판 종사자의 협회 조직을 환영합니다. 구비 서류만 갖춰주시면 얼마든지 지원해 드릴 용의가 있습니다"라고 답했다. 나는 말문이 막혔다. 그렇구나. 문제는 우리한테 있구나.

미국에는 문학번역가로 조직된 미국문학번역가협회ALTA가 있고 유럽에는 각국 번역가협회를 연결하는 조직인 유럽출판번역가협회회의CEATL가 있다. 이들은 번역가에 대한 인세 지불, 저자와 동등한 대우 등을 실현하기 위해 조직적인 활동을 벌인다. 이미 늦었지만 한국에도 이런 조직이 있어야 하지 않을까. 당연히 나와 친한 번역가들도 협회 조직의 필요성에 동의한다. 하지만 막상 구체적인 실무 이야기만 꺼내면 다들 꽁무니를 빼기 바쁘다.

내가 보기에 번역투에 대한 불만은 일종의
언어순혈주의에서 비롯한다. 그러나 언어의
본질적 특성상, '순수하게 한국어'인
것은 한국어에 없다. 이것은 영어와
일본어도 마찬가지다. 그래도 순수한
한국어가 좋다는 분들은 "아이스크림"
말고 "얼음보숭이"를 드시면 되겠다.

손이레, 「번역투 비판이 불편한 이유」,
『ㅍㅍㅅㅅ』(2018.5.4.)

번역학자 데이비드 벨로스는 더 널리 사용되고 위상이 높은 언어로의 번역을 '상향 번역'이라 불렀고 번안의 성격이 강해 원문 텍스트가 지닌 외래성의 흔적을 대부분 지워 버리는 게 상향 번역의 특징이라고 했다. 또한 그 반대 방향의 번역인 '하향 번역'은 출발어의 흔적을 눈에 보이게 남겨 두는 특징이 있다고 했다. 그렇다면 우리 한국어와 하향 번역 관계에 있는 언어는 영어와 일본어일 것이다. 영어와 일본어의 번역투가 '출발어의 흔적'으로 우리말에 남아 일종의 문체처럼 작용하는데도 언중에게 자연스럽게 받아들여지는 게 그 증거다. 그렇다면 중국어는? 중국어도 번역투가 있긴 하지만 '중국어의 흔적' 같은 것을 책에서 보고 용납해 줄 독자는 드물다. 따라서 중국어에서 한국어로의 번역은 '아직까지는' 상향 번역이다. 일본어에서 한국어로의 번역이 '아직까지는' 하향 번역인 것처럼. 여기에서 상향이냐 하향이냐를 결정하는 주요 변수는 국가 간 문화적·경제적 위상의 차이이므로 미래의 언젠가는 방향이 바뀔 수도 있다.

오늘날 　　실제로 　　말해지는 　　약
3천 　가지 　언어 　가운데 　문학을
가지고 　있는 　언어는 　단지 　78가지이다.

월터 J. 옹, 『구술문화와
문자문화』(임명진·이기우 옮김,
문예출판사, 1995)

책 한 권을 번역해도 한 달 반 생활비밖에 안 되지만 만족하기로 한다. 번역을 전업으로 할 수 없어 강사도 하고, 편집도 하고, 컨설팅도 하고 온갖 아르바이트를 다 해 왔지만 감사하기로 한다. 역사상 인류 가운데 글로 자기 삶을 영위할 수 있었던 사람이 얼마나 될까. 게다가 서류 작성도 아니고, 이야기 창작도 아니고, 번역으로 호구지책을 삼았던 사람은 더더욱 적을 것이다.

누구든 번역가로 살려면 우선 글을 가진 나라에서 태어나야 하고 그다음으로는 그 나라가 교육을 중시해 국민의 문해력이 높아야 하며 마지막으로 국민의 소비력도 웬만해서 크든 작든 출판 시장이 돌아갈 수 있어야 한다. 그러니 내가 이 나라에서 태어나 번역가로 행세하며 살아온 건 얼마나 큰 행운인가.

더구나 나는 문학번역가다. 오늘날 쓰이는 3천 종의 언어 중 문학을 가진 언어가 겨우 78종이고 역사상 존재한 모든 언어를 다 통틀어도 106종밖에 안 된다고 하는데 말이다. 나는 이렇게나 선택받은 사람이다. 어느 시대 어느 나라에나 모래알처럼 많은, 돈 많고 지위 높아 으스대는 이들과는 차원이 다르다!

번역은   글쓰기   형태로서는   폄하되고
저작권법으로   불이익을   받고   있다.

로렌스 베누티, 『번역의 윤리』
(임호경 옮김, 열린책들, 2006)

현대 저작권법은 저자의 권리를 계속 강화하는 방향으로 발전해 왔다. 저작권의 국제적 보호를 목적으로 1886년 체결된 베른협약은 현재 가입국이 150여 개에 이른다. 한국은 1996년에야 이 협약에 가입했는데, 그 후로 해외 저자의 저작권을 사후 50년(한미 FTA 체결 이후로는 사후 70년)까지 인정하고 사용료를 지불하게 되었다.

한국의 베른협약 가입이 늦었던 탓에 천문학적 저작권료를 못 챙긴 해외 저자로 『게임의 여왕』의 시드니 셸던, 『대망』의 야마오카 소하치, 『영웅문』의 김용 등이 떠오른다. 인세를 족히 수백만 권분은 떼였을 김용은 억울한 나머지 "한국에는 절대 내 책의 저작권을 안 주겠다"고 버티다가 2000년대 중반에서야 『신조협려』와 『의천도룡기』의 정식 한국어판 출간을 허락했다. 하지만 김용이 아무리 억울한들 『영웅문』 번역에 아르바이트로 참여한 뒤 그게 초베스트셀러가 되는 걸 보고도 서명권조차 주장못한 여러 대학원생만큼 억울하지는 않을 것이다. 거칠고 어설픈 초고를 과감히 윤색해 지나칠 만큼 가독성을 끌어올린 당시고려원 편집자들도 이름 없이 노고가 묻히기는 마찬가지였다.

어쨌든 한국이 베른협약에 가입한 후로 한국에서 책이 출간된 해외 저자들은 저작권료를 받을 수 있게 되었다. 그 비율은 저자의 지명도에 따라 다르긴 하지만 대체로 판매 부수 1~10,000부까지는 정가의 6퍼센트, 10,001~20,000부까지는 7퍼센트, 20,001부 이상은 8퍼센트 정도다. 그러면 같은 경우에 번역가의 인세율은? 내가 듣기로 1~10,000부는 4퍼센트, 10,001~20,000부는 3퍼센트, 20,001부 이상은 2퍼센트로 원저자와는 정반대로 많이 팔리면 팔릴수록 줄어든다. 아무래도 번역가의 권한은 원저자에게 종속된 게 맞는 듯하다.

번역에   대한   문화적·법적   홀대의   원인은
원작자의   진본성과   재산권에만   집착해
온   서구   낭만주의와   개인주의에   있다.

「원작 독창성 깨야 번역이 산다」,
『서울신문』(2006.12.9.)

번역가가 원저자에게 부속된 존재로서 주변적 위치에 머무는 까닭은 낭만주의적 원저자성authorship 개념 때문이다. 저작권법은 이 개념에 기반하여 원작에는 원저자의 대체 불가한 독창성과 자아 표현이 깃들어 있는 반면, 번역물은 그저 부차적인 모방물일 뿐이라고 주장한다. 또 그렇기에 번역물을 비롯한 원작의 모든 파생물에 대해 원저자에게 독점권을 부여한다. 이제는 번역자도 각색자도 원저자의 승인 없이는 작품을 이용할 수 없다. 번역물, 연극, 영화, 만화 같은 2차 저작물은 원작과 형태가 다른데도 예외 없이 원저자의 개인적 창작성의 산물로 간주되는 것이다.

하지만 나는 인정할 수 없다, 원작과 번역물의 이런 차별적인 위계를. 번역물은 원작의 복제품이 아니다. 발터 벤야민의 말처럼 원작의 연장된 삶 또는 사후의 삶으로서 독자적인 형태를 띠며 그 형태에 담긴 것도 번역가의 유연한 '다시 쓰기'rewriting로 인해 원작의 정신 내지는 표현과 상당히 차이가 있다. 나는 원작과 번역물의 위계가 서구의 문화적 패권에 의해 만들어진 가공물이 아닌지 의심스럽다. 국제 저작권 거래에서 서구 주요 국가들이 원작 생산지로서 제3세계 국가에 절대적인 영향력을 끼칠 수 있도록 그런 위계를 날조한 게 아닐까.

유럽 여러 나라에는 사회적 약자인 예술가를 보호하는 복지제도가 마련되어 있고 번역가도 한자리를 차지하고 있다. 베스트셀러 예술가처럼 베스트셀러 번역가야 복지가 필요 없을지 모르지만 번역가 대부분은 형편이 말이 아니라고 생각하기 때문일 것이다. 여기서 주목할 것은 번역을 예술로 대접하는 그들의 태도다.

임형석, 「번역 유감 — 작가와
동등하게 번역가를 대접한
맨부커상을 보니 우리 현실과
비교돼」, 『국제신문』(2016.5.25.)

네덜란드에는 '출판번역가 장려금'이라는 게 있다. 공적인 문예 기금으로 운영되어 상당히 안정적이며 100여 명의 출판번역가에게 장려금을 지급한다. 네덜란드는 인구가 2천만 명에 불과하므로 모국어 출판시장의 존립이 무척 신경 쓰이긴 할 것이다. 한 나라의 출판시장은 모국어의 운명을 떠받치는 대들보다. 하지만 아무리 그래도 국가가 100명의 출판번역가를 먹여 살리는 것은 유례없는 일이다. 네덜란드가 1인당 GDP 5만 달러를 상회하는 복지 대국인 걸 감안해도 그렇다.

한편 프랑스에는 저자와 역자를 위한 사회보험이 있다고 한다. 보험료로 저자와 역자에게 지불되는 인세의 7퍼센트가 원천 징수되고 또 연말에 소득신고를 하면서 다시 7퍼센트를 납부한다. 이것은 프랑스 임금 생활자의 사회보험 부담률과 거의 같은 수준이며 국가보조금은 따로 없다. 그래서 은퇴 후 저자와 역자가 받는 연금 액수는 최저임금을 받는 가사도우미와 비슷하다고 한다. 하지만 저자와 역자를 위한 사회보험이 있다는 자체가 부러운 일이다.

우리나라는 출판번역가를 위한 장려금과 사회보험제도가 거의 전무하다. 하지만 네덜란드에도 프랑스에도 없는 번역 관련 정부 기관이 한 군데 있다. 바로 '한국문학번역원'이다. 한국 문학의 전 세계 수출을 지원하는 곳으로 해외의 한국어 번역가와 한국 도서를 내는 출판사에 보조금을 지급한다. 훌륭하고 필요한 일이다. 하지만 우리 작가들에게 지속적으로 문화적 자양분을 공급해 '수출할 만한' 문학작품을 생산하는 데 한몫하는 국내 출판번역가의 존재도 정부가 조금은 돌아봐 줬으면 한다.

교수들이 전공 분야 번역을 많이 해줘야 할 텐데, 학업적으로 실적이 큰 것도 아니고 돈을 많이 주는 것도 아니라서 많이들 기피한다. 교수들이 기피하면 전문 번역가들이 힘들어진다. 어려운 책, 할 때마다 매번 도전인 책을 몰아서 맡을 수밖에 없으니까. 전공자들이 번역을 기피하는 경향 자체가 제도적인 문제인 것 같다. ─1인 출판사 대표 H

「붉게 물든 그 종이, 지금은
'선생님'과 연애 중!
─편집자가 말하는 번역」,
『프레시안』(2013.7.26.)

오랫동안 장르소설 윤문을 부업으로 삼았던 터라 한때 무협, 판타지, 로맨스 작가와 가까이 지냈다. 그들은 대부분 정규 문학 교육과는 거리가 멀었다. 대학에서 글쓰기와 무관한 전공을 했고 이공계 출신도 많았다. 작가가 되기 전에 형사, 치과의사, 사업가, 프로그래머 등 다양한 직업에 종사하기도 했다.

하지만 그들은 하나같이 책벌레라는 공통점이 있었다. 단, '작가가 읽어야 할 것 같은 책'은 별로 안 읽었다. 일본 만화와 라이트노벨, 공포·미스터리·SF 같은 서구권 장르물을 닥치는 대로 읽었다. 오로지 '세계의 모든 재미난 이야기'에 환장하는 독서였다. 물론 또 다른 형식의 재미난 이야기인 드라마와 영화도 빠짐없이 챙겨 보았다. 그들은 문자를 깨친 순간부터 쭉 그렇게 살아왔고 앞으로도 그렇게 살아갈 예정이었다. 그들이 작가가 된 동기는 예외 없이 "닥치는 대로 읽다 보니 문득 나도 이 정도는 쓰겠다는 생각이 들었다"였다. 장르소설 작가는 이처럼 번역이 낳은 산물이나 다름없다. 그렇다면 순수문학 작가는? 그들 역시 한국의 풍부한 인문학 번역서의 토양에서 자라났다.

그런데 한국의 작가 양성에 이렇듯 혁혁한 공을 세운 번역이 학계에서는 별로 대접을 못 받는다. 그곳에 번역 능력자가 가장 많이 모여 있는데도 말이다. 아니, 거꾸로 번역 능력자가 워낙 많아 번역이 홀시되는지도 모른다. 작년 어느 대학이 교수 공채 공고를 내면서 이런 연구 실적 평가 기준을 제시했다. 외국 저명 학술지 발표 논문 최대 1000점, 국내 저명 학술지 발표 논문 일괄 100점 그리고 저서 100점, 번역서 100점. 학문적 사대주의도 눈꼴시지만 논문 한 편과 저역서 한 권을 등가시하는 게 가장 기가 막힌다. 이래서야 어떤 연구자가 일반 독자를 위한 책을 쓰고 번역을 하겠는가.

번역가는 마치 해부학 실험실의 실험대에
누워 있는 기분이 든다. 번역서를 읽는
사람들이 돋보기와 현미경을 들이대고
번역이 잘됐는지, 오역은 없는지 살핀다.
더구나 요즘엔 SNS 같은 곳에서 오역
사례를 공개적으로 지적하는 사람들도 많다.

표정훈, 「내가 번역가를 그만둔 이유」,
『SBS 뉴스』(2021.8.18.)

나는 중국어 번역가여서 다행히 다른 사람에게 '원고 검열'을 당할 일이 별로 없다. 외국어를 잘하는 편집자가 많긴 하지만 대부분 영어와 일어에 쏠려 있다. 내 원고에서 이상한 부분을 중국어 원문 대조로 확인할 수 있었던 편집자는 지금까지 단 두 명뿐이었다. 나아가 오역 알레르기가 있는 독자를 마주칠 일도 없다. 영어나 일어 번역가가 유명 작가의 저서를 번역한 후 원서를 들고 달려드는 '똑똑한' 독자에게 시달리는 것을 보면 불쌍하기도 하고 부럽기도 하다. 끊임없이 실력을 의심받는 것은 유감스러운 일이지만 사실 그것도 관심과 인기의 표현이지 않은가. 나도 내 오역을 지적하는 독자와 온라인 공간에서 맞장 한번 떠 보고 싶다.

사실 내 번역에 가장 관심을 갖고 '검열'하겠다고 나서는 주체는 뜻밖에도 중국 정부다. 나는 중국 정부의 해외출판번역지원금을 받아 두 권의 소설을 번역해 출간한 적이 있다. 그런데 그때 지원 조건이 바로 '번역 원고 심사'였다. 중국 대학의 한국어과 교수 세 명으로 이뤄진 심사위원진이 내 원고를 읽고 합격 판정을 내려야만 비로소 한국 측이 책을 내고 잔여 지원금을 받을 수 있다고 했다. 생각해 보라. 아무리 교수라지만 모국어가 한국어도 아닌 외국 학자들이 모여 내 원고를 멋대로 지적질하는 광경을.

나는 속이 부글부글했지만 (목구멍이 포도청이라) 꾹 참고 군말 없이 그 조건을 받아들였다. 다행히 심사는 두 번 다 별 탈 없이 지나갔다. 몇 가지 지적 사항도 가볍게 무시할 만한 수준이었다. 중국 교수들도 그 심사가 말도 안 된다는 것을 아는 듯했다.

"2002년쯤이었는데요. 집에서 (잭 케루악의 『길 위에서』를) 번역하게 됐어요. 물론 힘들었죠. 몇 달에 걸쳐서 했어요. 다 하고 나니 책으로 내고 싶더라고요. 그래서 여기저기 출판사를 알아보다 이미 다른 데서 하기로 한 책이라고, 알아보고 번역을 했어야 하는 거라고(웃음) 얘기를 들었어요."

「김목인이 들려주는 잭 케루악의
모든 것」, 「채널예스」
(2015.12.18.)

프랑스의 러시아계 번역가 나타 미노르는 정신분석가로 일하던 중 아버지의 죽음을 계기로 모국어에 대한 향수를 느꼈다고 한다. 그녀는 아버지가 생전에 자주 읊곤 했던 푸시킨의 운문소설 『예브게니 오네긴』을 출판사와 계약도 안 한 상태에서 무작정 번역하기 시작했다. 5,500행 분량의 이 작품을 완역하기까지 무려 3년이 걸렸다. 그녀는 운이 좋았다. 그녀의 번역 원고를 책으로 내겠다는 출판사가 바로 나타났고 출판 후 번역상까지 받았으니.

하지만 나타 미노르의 성공담은 결코 일반적이지 않다. 김 목인 번역가 같은 실패 사례가 더 많다. 사실 그녀는 이미 소설을 발표한 적이 있는 작가로 글쓰기 내공이 탄탄했다. 그리고 『예브게니 오네긴』은 공인된 러시아 명작인데 그 전까지 프랑스에서 온전한 형태로 출간된 적이 없었으며 당연히 저작권도 소멸된 상태였다. 이 세 가지 조건이 갖춰졌기에 그녀는 번역가로 성공적인 데뷔를 할 수 있었다. 그렇지 않았다면 3년의 세월만 헛되이 날렸을 것이다.

의외로 많은 사람이 번역가가 되고 싶은 마음에 무작정 원서 번역에 나선다. 그래서는 안 된다. 혼자 연습하는 셈 치겠다면 모르지만 그중 상당수가 나중에 완역 원고를 들고 출판사의 문을 두드린다. 하지만 출판사의 문턱은 그렇게 낮지 않다.

"중국어 대본이 있는데 보면
공부하느라 빽빽하고 새까맣다.
원래 대본이 안 보일 정도다."

「'헤어질 결심' 탕웨이 "이보다
더 완벽할 수 없는 작품"」,
『JTBC뉴스』(2022.5.25.)

2020년 3월, 모호필름이라는 영화제작사에서 메일을 보내왔다. 박찬욱 감독의 신작 영화 시나리오를 중국어로 번역했는데 감수해 줄 수 있느냐는 것이었다. 번역자는 베이징의 중국인 시나리오 번역가 M이라고 했다. 내가 감수를 마치면 바로 번역가, 나, 박 감독 셋이 온라인에서 그 번역본을 검토하는 것으로 일정이 잡혔다.

며칠 뒤 번역본이 도착하자마자 A4 100쪽 분량의 원작 시나리오와 나란히 놓고 한 줄 한 줄 대조하기 시작했다. 지엽적인 실수 몇 군데를 빼고는 흠잡을 데가 거의 없었다. 대사 번역에서 재치와 순발력이 빛났을 뿐만 아니라 지문 번역에서도 검색의 신이 아닐까 싶을 만큼 갖가지 소품의 이름과 특수한 은어까지 정확히 대응어를 찾아냈다.

이튿날 오후, 카페에서 노트북에 채팅방을 띄워 놓고 박 감독과 번역가 M에게 내가 감수한 결과를 조목조목 알려 주었다. 이에 대해 박 감독은 수시로 의견을 피력했고 또 M은 그 의견에 따라 시나리오를 수정했다. 박 감독은 스마트한 사람이었다. 워낙 찰떡같이 알아듣고 간결하게 코멘트를 해서 서너 시간의 회의 중에 낭비된 시간이 전혀 없었다. 좋은 분위기에서 회의가 끝났고 박 감독은 "새로운 경험을 했습니다"라고 마지막 소감을 남겼다.

2022년 5월 28일, 박찬욱 감독은 그 신작 영화 『헤어질 결심』으로 제75회 칸국제영화제 감독상을 받았다. 여주인공 탕웨이가 "빽빽하고 새까맣"게 공부했다던 그 중국어 대본은 당연히 M이 번역하고 내가 감수한 것이었다. 이 영화가 한국에서 개봉한 후 몇몇 친구가 엔딩크레디트에서 내 이름을 봤다며 흥분해서 연락해 왔다. 나는 흐뭇했지만 별 감흥은 없었다. 『헤어질 결심』만 보지 말고 내 번역서도 좀 봐 주시면 안 될까요?

중국 문학작품의 해외 번역은 출판시장과 정상적인 문학적 평가와 무관하게 대대적으로 진행되고 있고 일급 작가들은 이미 국제 문학계를 누비며 또 다른 인생을 사는 인물로 점차 변모하고 있다.

탕누어, 『명예, 부, 권력에 관한 사색』
(김택규 옮김, 글항아리, 2020)

2016년 8월 베이징국제도서전 기간에 열흘간 베이징 컨벤션센터에서 진행된 '국제 중국어 출판번역가·출판인 연수 과정'에 참여한 바 있다. 당시 주최 측의 대접이 너무나 융숭해 아직까지 기억이 생생하다. 전 세계에서 온 100여 명의 참가자에게 각각 일급 호텔 1인실을 배정하고 후불로 육상과 항공 교통비까지 전액 지급했다. 식사는 연수가 컨벤션센터에서 진행될 때는 호텔 뷔페를, 출판사 방문 같은 외부 스케줄이 있을 때는 고급 식당에서 코스 요리를 제공했다. 여기에 이동을 위한 대형 버스와 20여 명의 젊고 친절한 스태프진까지 그야말로 모든 준비가 완벽했다.

물론 연수 내용까지 다 마음에 들었던 건 아니다. 그 연수는 어디까지나 해외의 중국서 출판 전문가에게 중국 출판물과 창작자를 선전하는 이벤트였기 때문이다. 중국의 다양한 작가, 평론가, 연구자, 출판인을 만났지만, 다 중국 정부가 지원하는 이들이었다. 머리가 반백인 대학 연구소 문학 연구자에게 조심스레 "연구가 자유로운가요?"라고 묻자, 그는 기다렸다는 듯이 "자유롭습니다. 정부는 제 연구에 전혀 간섭하지 않습니다"라고 답했다. 그의 표정이 너무나 진실하고 단호해 보여 나는 더 이상 묻지 못했다.

연수 마지막 날 저녁 환송회에서 중국 정부 측 인사는 각국의 참가자에게 앞으로 중국 양서를 번역출판할 때 지원을 아끼지 않겠다고 약속했다. 마지막 작별 인사를 나눌 때는 그동안 수고한 여성 스태프들이 펑펑 눈물을 흘리는 바람에 마음이 짠해지기도 했다.

그 후로 중국 정부가 해외출판번역지원금으로 집행한 예산은 매년 한화 700억 원 규모이며 한국은 핵심 지원 대상국 중 하나다. 중국 문학작품은 바로 이런 방식으로 "출판시장과 정상적인 문학적 평가와 무관하게" 전 세계에서 활발히 번역되고 있다.

번역가란 직업은 내 안에 희미한 불씨처럼 오래도록 머물러 있던 장래 희망 중 하나였고 그 희미한 불씨는 불안정한 직장생활과 이런저런 사회적 스트레스, 좋아하는 일을 하며 살고 싶다는 욕구로 인해 조금씩 타오르기 시작했다.

정재이, 『2년 만에 비행기 모드
버튼을 눌렀다』(더라인북스, 2022)

시민 강좌의 중국어 출판번역 수업을 오랫동안 하면서 여러 부류의 번역가 지망생을 만났다. 그런데 시대의 추이에 따라 어떤 변화를 느낀다. 출판사 편집자나 통번역대학원 학생처럼 번역 인접 분야에 속한 지망생이 줄어들고 번역과는 전혀 무관한 직장인이 늘고 있다. 그들에게 왜 이 수업을 듣는지 물어보면 "학창 시절부터 중국어와 중국 문화에 관심이 많았어요. 지금 다니는 직장을 그만두고 번역가를 제2의 직업으로 삼고 싶어요"라고 말한다. 이런 말을 들을 때면 나는 번역가가 보편적인 직업 범주로 어느새 인식되고 있음을 새삼 깨닫는다. 누구나 번역가의 존재를 인식하고 또 번역가를 꿈꿀 수 있는 세상이 된 것이다.

사실 20~30년 전만 해도 그렇지 않았다. 번역가는 '부록' 같은 직업이었다. 대학원에 다니다 우연히, 소설가나 시인이 되려다 우연히, 심지어 아무것도 할 게 없어서 어쩔 수 없이 번역가가 되곤 했다. 그만큼 번역과 번역가에 대한 사회적 인식이 극히 낮았다. 그래서 우리 때와 달리 명확한 목표 의식을 갖고 번역가가 되기 위해 의지를 불태우는 수강생을 보면 신기하기도 하고 흐뭇하기도 하다. 매체에서는 미래에 없어질 직업 1순위로 번역가를 꼽곤 하지만 이들을 보면 그 미래는 아직 한참 멀지 않았나 싶다.

번역사의   발전을   보면   번역의   기준을
정하고   수행하는   어떠한   시도도   실패로
돌아갔다.   번역은   삶과   마찬가지로   기준이
없다.   오직   구체적이고   각각의   다양한
가치를   창조하는   실천만이   있을   뿐이다.

위안샤오이·쩌우둥라이袁筱一·鄒東來,
『문학번역의 기본 문제』文學翻譯基本問題
(上海人民出版社, 2011)

딥 러닝 기반의 인공지능 번역이 극도로 발전하면 과연 출판번역가를 대체할 수 있을까. 그것은 소설, 에세이, 인문학, 과학 등 각 분야마다 가장 적합한 통사구조와 어휘 목록을 선정해 인간의 두뇌는 도저히 따라갈 수 없는 속도와 정확성으로 척척 유려한 번역을 뽑아낼지도 모른다. 지금 과학 수준으로는 어림없지만 근미래의 어느 날에는 틀림없이 가능하리라 본다.

만약 그렇게 돼서 출판번역가가 존재 의의를 잃고 모두 사라진다면 당연히 인류 번역사의 발전은 마무리되고 인공지능이 수행하는 출판번역은 또렷한 기준을 갖게 될 것이다. 그리고 독자는 서가에서 어떤 책을 뽑아 읽어도 매끄럽고 군더더기 하나 없는 문장을 만끽하게 될 것이다.

하지만 나는 바로 그 '매끄럽고 군더더기 하나 없는' 특성 때문에 인공지능이 출판번역의 영토를 독차지하지는 못할 것이라고 본다. 출판번역가는 확실히 번역의 기준이 균일하지 못하고 서로 다른 개성을 표출한다. 어떤 번역가는 고유어보다 한자어를 더 많이 구사해 중후한 느낌이 들고 나 같은 경우는 어휘량의 부족을 빠른 호흡의 단문으로 보완한다. 확실히 모두 '매끄럽고 군더더기 하나 없는' 완벽함과는 거리가 멀다. 하지만 진정한 독자라면 그렇게 균질화된 완벽한 번역보다 "구체적이고 각각의 다양한 가치를 창조하는 실천"으로서의 완벽하지 못한 번역을 더 선호하지 않을까. 그렇게 흠결 많은 번역만이 우리 인간의 삶을 제대로 표현할 수 있지 않을까.

나오는 말
어느 번역가의 생존법

두 달 전 내가 만든 중국어 출판번역가 온라인카페 '행단'杏壇은
잘 돌아가고 있다. 주위의 번역가들이 입소문을 내 준 덕도 있고
내 블로그와 페이스북을 통해 계속 소식이 흘러 나간 덕도 있다.
그동안 번역 일감을 얻지 못해 애태우던 중국어 번역가 지망생이
속속 행단에 모여들고 있다. 물론 모든 지망생을 다 받아들이는
것은 아니다. 나는 연락을 취해 오는 지망생에게 반드시 일정한
분량의 번역 샘플을 요구한다. 샘플이 도착하면 그 수준을 심사
해 행단 가입 여부를 통보한다. 물론 가입한 회원에게는 출판계
에서의 내 인적 네트워크를 동원해 끌어온 일감을 비교적 공평
하게 분배한다.

　돌아보면 나는 삼십대 초반에 중국어 출판번역계에서 톱클
래스의 위치에 올랐다. 이 바닥이 좁기 때문이기도 하고 그전까
지 줄곧 시 합평과 독서 토론을 통해 문체를 갈고닦았기 때문이
기도 했다. 처음에는 실용서 번역을 했지만 금세 실력을 인정받
아 정통 인문서와 소설 번역을 맡았다. 그렇게 오십대에 이르기

까지 승승장구했다. 워낙 돈이 안 되는 한국 번역계에서 승승장구해 봤자 무슨 큰 영예나 부를 얻는 것은 아니지만 그래도 만족스럽게 살아왔다. 실력 면에서 나와 겨룰 수 있는 라이벌이 나타나지 않아 별다른 긴장감도 느끼지 못했다. 그런 세월이 15년 넘게 이어지자 계속 그렇게 살 수 있을 줄 알았다.

그런데 올해 초부터 어떤 한계가 왔다. 술술 읽히던 중국어 원서가 더디게 읽히고 번역 속도가 급격히 떨어졌다. 내가 택한 번역어가 과연 정확한지, 입에 맞는지 별다른 이유도 없이 확신이 서지 않았다. 그러다 보니 당연히 번역서가 줄어들고 출판사에서도 이례적으로 내 작업물에 대한 불만을 전해 왔다. 나는 위기를 느꼈다. 어떻게든 문제를 해결해야 했다. 그러나 이유 없이 떨어진 독해력과 자신감을 다시 회복할 방법은 어디에도 없었다. 어쩔 수 없이 계속 들어오는 번역 의뢰를 다른 번역가에게 넘기고 대신 대학 강의를 늘리는 쪽으로 생활을 바꿔야 했다.

번역가로서 나의 삶은 여기서 끝인가. 이런 절망스러운 의문이 하루에도 수십 번씩 나를 괴롭혔다. 쉬운 실용서만 택해 1년에 두세 권 정도 소화하면 물론 계속 번역가 행세를 하며 살아갈 수는 있다. 하지만 나는 '일급' 번역가란 말이다. 이 업계에서 타의 추종을 불허하는, 십수 년간 라이벌이 없었던 최고의 번역가인 내가 그런 무늬만 번역가인 삶에 만족하며 살아갈 수는 없다. 나는 고민에 고민을 거듭했다. 절망적으로 바뀐 지금 상황에서도 최고의 번역가라는 위치를 유지할 방법이 없을까.

그래서 '행단'을 만들었다. 우선 나와 직간접적으로 관계가 있는 번역가 10여 명을 모아 취지를 설명한 후 온라인카페를 창설했다. 취지는 대단히 그럴싸했다. 번역 에이전시에 많은 수수료를 떼이면서 어렵게 생활하는 번역가들을 위해 내가 큰 짐을 짊어지겠다. 행단에 가입한 번역가에게 수수료를 한 푼도 받지 않고 일감을 소개해 주겠다. 번역가들은 반기면서 자발적으로 행단에 가입했다. 이후 행단은 탄탄대로를 걸었다. 나날이 회원 수가 늘고 가입 희망자도 폭증했다. 중국어 출판번역가가 되려는 사람은 으레 행단에 가입 원서를 넣어야 한다는 이야기가 돌 정도였다.

오늘도 나는 두 명의 가입 희망자에게 메일을 보내야 한다. 그들의 번역 샘플은 이미 체크했다. 다른 희망자도 대여섯 명 있었는데 어제 이미 가입 심사 결과를 통보했다. 모두 고만고만한 수준이라 가입을 허락했다. 이 두 명을 마지막으로 남긴 것은 그만큼 심사숙고가 필요했기 때문이다. 나는 둘의 번역 샘플을 읽고 또 읽었다. 둘이 문체는 다르지만 같은 정도로 호흡이 좋고 어휘량이 풍부했다. 번역 경험은 전무했지만 당장 어떤 출판사에 소개해도 문제가 안 될 정도였다. 원고 검토를 다 마쳤을 때 나는 두 사람이 순조롭게 번역가로 데뷔한다면 금세 출판사와 독자의 눈에 들고 최고의 번역가로 발돋움할 수 있으리라 예감했다.

나는 노트북 앞에 앉았다. 심호흡을 하고 천천히 키보드를 하나하나 꾹꾹 누르며 메일을 쓰기 시작했다.

"귀하가 보내 주신 번역 샘플은 잘 읽어 보았습니다. 무난한 번역이긴 하지만 원문에 숨겨진 복합적인 의미를 표현하는 데까지는 이르지 못했습니다. 제 생각에 귀하는 번역가보다는……"

* 이 글은 허구임을 밝혀 둡니다.

번역의 말들
: 읽는 사람을 위한 번역 이야깃거리

2022년 10월 4일   초판 1쇄 발행

지은이
김택규

| **펴낸이** | **펴낸곳** | **등록** | |
| 조성웅 | 도서출판 유유 | 제406-2010-000032호(2010년 4월 2일) | |

| | **주소** | | |
| | 서울시 마포구 동교로15길 30, 3층 (우편번호 04003) | | |

| **전화** | **팩스** | **홈페이지** | **전자우편** |
| 02-3144-6869 | 0303-3444-4645 | uupress.co.kr | uupress@gmail.com |

| | **페이스북** | **트위터** | **인스타그램** |
| | facebook.com /uupress | twitter.com /uu_press | instagram.com /uupress |

| **편집** | **디자인** | **조판** | **마케팅** |
| 인수, 류현영 | 이기준 | 정은정 | 황효선 |

| **제작** | **인쇄** | **제책** | **물류** |
| 제이오 | (주)민언프린텍 | 다온바인텍 | 책과일터 |

ISBN 979-11-6770-047-6 03700